ACCESO AL E-BOOK GRATIS

[+] Diríjase a la página web de la editorial www.tirant.com

[+] En *Mi cuenta* vaya a Mis promociones www.tirant.com/mispromociones

[+] Introduzca su mail y contraseña, si todavía no está registrado debe registrarse

[+] Una vez en Mis promociones inserte el código oculto en esta página para activar la promoción

Código Pr

AF797822

Rasque para visualizar

La utilización del LIBRO ELECTRÓNICO y la visualización del mismo en NUBE DE LECTURA excluyen los usos bibliotecarios y públicos que puedan poner el archivo electrónico a disposición de una comunidad de lectores. Se permite tan solo un uso individual y privado.

No se admitirá la devolución de este libro si el código promocional ha sido manipulado

Vademécum

DE JUSTICIA JUVENIL

Vademécum DE JUSTICIA JUVENIL

TOMÁS MONTERO HERNANZ
Jurista del Cuerpo Superior de Técnicos de Instituciones Penitenciarias
Profesor Asociado Universidad de Valladolid

ROSARIO DE VICENTE MARTÍNEZ
Catedrática de Derecho Penal
Universidad de Castilla-La Mancha

tirant lo b||anch
Valencia, 2016

En caso de erratas y actualizaciones, la Editorial Tirant lo Blanch publicará la pertinente corrección en la página web www.tirant.com.

EDITA: TIRANT LO BLANCH
C/ Artes Gráficas, 14 - 46010 - Valencia
TELFS.: 96/361 00 48 - 50
FAX: 96/369 41 51
Email:tlb@tirant.com
www.tirant.com
Librería virtual: www.tirant.es
DEPÓSITO LEGAL: V-395-2016
ISBN: 978-84-9119-586-3
IMPRIME: Gráficas Díaz Tuduri, S.L.
MAQUETA: Tink Factoría de Color

Si tiene alguna queja o sugerencia, envíenos un mail a: *atencioncliente@tirant.com*. En caso de no ser atendida su sugerencia, por favor, lea en *www.tirant.net/index.php/empresa/politicas-de-empresa* nuestro Procedimiento de quejas.

Índice de voces[1]

A

B

C

---

1 Dada la naturaleza eminentemente procesal de la LO 5/2000, debe entenderse sustituida en la LORPM la expresión "faltas" por "delitos leves", conforme al último inciso de la Disposición Adicional Segunda de la LO 1/2015, de 30 de marzo, de reforma del Código Penal.

D

E

F

G

H

I

J

L

M

N

O

P

Q

R

S

T

U

V

Abreviaturas

AAN	Auto de la Audiencia Nacional
AAP	Autode la Audiencia Provincial
ATC	Auto del Tribunal Constitucional
ATS	Auto del Tribunal Supremo
CC	Código Civil
CE	Constitución española
CEPDHLF	Convenio Europeo para la protección de los Derechos Humanos y Libertades Fundamentales
CP	Código Penal
D	Decreto
DA	Disposición Adicional
DF	Disposición Final
EOMF	Ley 50/1981, 30 diciembre, por la que se regula el Estatuto Orgánico del Ministerio Fiscal
FGE	Fiscalía General del Estado
JCM	Juzgado Central de Menores
JCVP	Juzgado Central de Vigilancia Penitenciaria
JI	Juzgado de Instrucción
JM	Juzgado de Menores
JP	Juzgado de lo Penal
JVP	Juez de Vigilancia Penitenciaria
LCS	Ley 50/1980, de 8 de octubre, de Contrato de Seguro
LECrim	Ley de Enjuiciamiento Criminal
LODELEX	Ley Orgánica 4/2000, de 11 de enero, sobre derechos y libertades de los extranjeros en España y su integración social
LODP	Ley Orgánica 3/1981, de 6 de abril, del Defensor del Pueblo
LOGP	Ley Orgánica 1/1979, de 26 de septiembre, General Penitenciaria

LOLR	Ley Orgánica 7/1980, de 5 de julio, de Libertad Religiosa
LOPD	Ley Orgánica 15/1999, de 13 de diciembre, de Protección de Datos de Carácter Personal
LOPJ	Ley Orgánica 6/1985, de 1 de julio, del Poder Judicial
LOPJM	Ley Orgánica 1/1996, de 15 de enero, de Protección Jurídica del Menor, de modificación del Código Civil y de la Ley de Enjuiciamiento Civil.
LORPM	Ley Orgánica 5/2000, de 12 de enero, reguladora de la Responsabilidad Penal de los Menores
LRJAP-PAC	Ley 30/1992, de 26 de noviembre, de Régimen Jurídico de las Administraciones Públicas y del Procedimiento Administrativo Común
RD	Real Decreto
RDL	Real Decreto Ley
RLORPM	Real Decreto 1774/2004, de 30 de julio, por el que se aprueba el Reglamento de la Ley Orgánica 5/2000, de 12 de enero, reguladora de la Responsabilidad Penal de los Menores
SAN	Sentencia de la Audiencia Nacional
SAP/SSAP	Sentencia/s de la Audiencia Provincial
STC/SSTC	Sentencia/s del Tribunal Constitucional
STCJ/SSTCJ	Sentencia/s del Tribunal de Conflictos de Jurisdicción
STEDH	Sentencia del Tribunal Europeo de Derechos Humanos
STS/SSTS	Sentencia/s del Tribunal Supremo
Vid.	Véase

A

ABOGADO DEL MENOR

El menor tiene derecho a designar abogado que le defienda en el plazo de tres días desde que son requeridos el menor y sus representantes legales por el Fiscal. De no hacerlo, se le designará uno de oficio de entre los integrantes del turno de especialistas del correspondiente Colegio de Abogados y, una vez producida la designación, el Fiscal la comunicará al Juez de Menores. El menor tiene derecho a entrevistarse reservadamente con su abogado incluso antes de prestar declaración.
En la LORPM se fija la necesaria participación del abogado del menor en casos de detención, en la adopción de medidas cautelares de internamiento y en la apertura de la audiencia, siendo facultativa en otras actuaciones como la exploración de menores no detenidos y en la comparecencia.

Regulación normativa: artículos 17, 22.1.b) y 22.2 LORPM.

Jurisprudencia: SSTC 229/1999, de 13 de diciembre (*Tol 81255*), 130/2001, de 4 de junio (*Tol 81479*); SAP de Madrid de 3 de abril de 2002 (*Tol 213965*).

ACCIONES U OMISIONES IMPRUDENTES

Conforme a lo establecido en el Código Penal las acciones u omisiones imprudentes solo se castigarán cuando expresamente lo disponga la ley.
Según sea calificada la infracción —falta, delito menos grave o delito grave, y si es doloso o imprudente— quedan excluida, por imperativo legal, algunas medidas.
En el caso de las acciones u omisiones imprudentes las mismas tienen vetada como sanción la medida de internamiento en régimen cerrado.

Regulación normativa: artículo 9.4 LORPM; artículo 12 CP.

Jurisprudencia: SAP de Barcelona de 10 de noviembre de 2005 (*Tol 793047*).

ACTUACIONES POLICIALES DE VIGILANCIA, CUSTODIA Y TRASLADO

Las actuaciones policiales de vigilancia, custodia y traslado de menores previstas en el RLORPM serán realizadas por los cuerpos de policía autonómica o, en su caso, por las unidades adscritas del Cuerpo Nacional de Policía, en sus ámbitos territoriales de actuación. En caso de ausencia o insuficiencia de las anteriores, o cuando sean varias las Comunidades Autónomas afectadas, se realizarán por las Fuerzas y Cuerpos de Seguridad del Estado.
A estos efectos el director del centro solicitará la intervención al órgano competente de la Comunidad Autónoma o, en su caso, al Delegado o al Subdelegado del Gobierno, con suficiente antelación para permitir su planificación. En situaciones de urgencia el director podrá solicitar directamente la intervención de las Fuerzas y Cuerpos de Seguridad competentes, dando cuenta de ello inmediatamente a las autoridades antes mencionadas, con expresión de las causas de la urgencia.

Regulación normativa: Disposición Adicional única RLORPM.

ACUERDO SANCIONADOR

Los expedientes disciplinarios seguidos contra menores podrán finalizar por sobreseimiento o acuerdo sancionador. Este se formulará por escrito y deberá contener las siguientes menciones: a) El lugar y la fecha del acuerdo. b) El órgano que lo adopta. c) El número del expediente disciplinario y un breve resumen de los actos procedimentales básicos que lo hayan precedido. En el supuesto de haberse desestimado la práctica de alguna prueba, deberá expresarse la motivación formulada por el instructor en su momento. d) Relación circunstanciada de los hechos imputados al menor, que no podrán ser distintos de los consignados en el pliego de cargos formulado por el instructor, con independencia de que pueda variar su calificación jurídica. e) Artículo y apartado del RLORPM en el que se estima comprendida la falta cometida. f) Sanción impuesta y artículo y apartado del RLORPM que la contempla. g) Indicación del recurso que puede interponer. h) La firma del titular del órgano competente. La resolución será ejecutiva cuando ponga fin a la vía administrativa. En la resolución se adoptarán, en su caso, las disposiciones cautelares precisas para garantizar su eficacia en tanto no sea ejecutiva. Tanto la iniciación del procedimiento como las sanciones impuestas se anotarán en el expediente personal del menor sancionado. También se anotará la reducción o revocación de la sanción, así como la suspensión de su efectividad.

Regulación normativa: artículo 75 RLORPM.

ACUMULACIÓN JURÍDICA

Determinación de la medida o medidas que el menor debe cumplir y su duración, cuando estas han sido impuestas en procedimientos diferentes, en aquellos casos en que por tratarse de infracciones conexas hubieran sido susceptibles de ser enjuiciadas en un único procedimiento. Su regulación se lleva a cabo en el artículo 11 de la LORPM. *Vid.* pluralidad de infracciones.

Regulación normativa: artículos 11, 12 y 20.1 LORPM; artículos 17 y 988 LECrim.

Jurisprudencia: STS 197/2006, de 28 de febrero (*Tol 817518*).

ACUSACIÓN PARTICULAR

Se pueden personar como acusación particular en el proceso penal de menores las personas directamente ofendidas por el delito, sus padres, sus herederos o sus representantes legales si fueran menores de edad o incapaces.

El *status* del acusador particular, tras la reforma operada por la Ley Orgánica 8/2006, ya no es el del coadyuvante, sino el de parte principal, pudiendo proponer pruebas y participar en su práctica, excepto la prueba de careo, solicitar diligencias, solicitar la adopción de medidas cautelares, participar en las vistas o audiencias que se celebren, derecho a ser oído en todos los incidentes que se tramiten durante el procedimiento, etc.

Regulación normativa: artículo 25 LORPM.

Jurisprudencia: SAP de Sevilla 79/2002, de 11 de marzo; SAP de Madrid 17/2010, de 5 de febrero (*Tol 1823941*); AAP Salamanca 128/2011, de 15 de junio; AAP de Barcelona 1048/2012, de 31 de octubre (*Tol 3562837*).

ADMINISTRACIÓN COMPETENTE

La Administración competente para la ejecución de las medidas adoptadas por los Jueces de Menores es la autonómica. La propia LORPM excluye la competencia de la Administración central a través de Instituciones Penitenciarias dependiente del Ministerio del Interior, a excepción de Cataluña que tiene transferidas las competencias en materia penitenciaria, siendo la competencia administrativa de cada Comunidad Autónoma o de las Ciudades de Ceuta y Melilla., salvo puntuales excepciones.

La competencia territorial de cada Administración autonómica viene fijada por el ámbito territorial del Juzgado de Menores que haya dictado la sentencia, que será el Juez del lugar donde se haya cometido el delito, excepto en el caso de que el menor hubiese cometido varios delitos en diferentes territorios, en cuyo caso será competente el del domicilio del menor preferentemente.

La ejecución material de las medidas corresponde a la Entidad Pública de la Comunidad Autónoma, que puede ejercer la competencia por sus propios medios o bien establecer convenios con otras En-

tidades Públicas o con entidades privadas sin ánimo de lucro para que sean ellas las que se encarguen de la ejecución, sin perjuicio del control de la Entidad autonómica.
El legislador optó en su momento por hacer uso de toda la estructura autonómica en materia de protección de menores dado el carácter sancionador educativo que presenta la legislación penal juvenil (*Vid.* Competencia para la ejecución de medidas).

Regulación normativa: artículo 45 LORPM; artículos 1.1, 8 y 9 RLORPM.

Jurisprudencia: SAP de Cuenca 9/2005, de 19 de mayo (*Tol 655222*); AAP de Córdoba 37/2002, de 7 de mayo (*Tol 201170*).

AISLAMIENTO PROVISIONAL

El aislamiento provisional es un medio de contención que consiste en la reclusión en una habitación cuyas características eviten que el menor pueda atentar contra su propia integridad física o la de otros. Durante el tiempo que el menor permanezca aislado será visitado por el médico o personal especializado (*Vid.* Medios de contención).

Regulación normativa: artículo 59.2 LORPM; artículo 55 RLORPM.

Jurisprudencia: STC 57/1994, de 28 de febrero (*Tol 82465*).

ALCOHOLISMO

Es una enfermedad mental que implica una intoxicación de carácter crónico. A los menores en quienes concurra esta circunstancia prevista en el número 2 del artículo 20 del Código Penal se les podrá imponer, si fuera necesario para prevenir la comisión de un nuevo delito, el internamiento terapéutico o el tratamiento ambulatorio (*Vid.* Intoxicación plena).

Regulación normativa: artículos 5.2 y 7.1.d) y e) LORPM; artículo 27 RLORPM; artículo 20.2º CP.

Jurisprudencia: SAP de Madrid de 20 de julio de 2001 (*Tol 108546*); SAP de Madrid 128/2003, de 25 de noviembre (*Tol 489113*).

ALTERACIÓN DE LA PERCEPCIÓN

El artículo 20.3.º del Código Penal declara exentos de responsabilidad criminal a quienes tienen gravemente afectada la conciencia de la realidad como consecuencia de una alteración de la percepción.

Deben incluirse en esta eximente todas aquellas situaciones de grave alteración de la conciencia de la realidad, desde el nacimiento o desde la infancia, como consecuencia de un defecto sensorial (sordomudez, ceguera, etc.), de una anomalía cerebral susceptible de malinterpretar los datos aportados por los sentidos, o, incluso, de una prolongada situación de incomunicación y consecutiva falta de socialización producto, ambas, de graves anomalías en el carácter o de excepcionales circunstancias ambientales capaces de bloquear el proceso de integración del sujeto con la sociedad.

Lo relevante es que cualquiera de las anteriores circunstancias convierta a la persona en un ser insensible al mundo circundante, carente de una correcta valoración social y personal de lo justo o lo injusto.

La LORPM establece que el internamiento terapéutico o el tratamiento ambulatorio son de imposición a los menores en quienes concurran la circunstancia prevista en el número 3º del Código Penal.

En los centros de internamiento se realiza una atención educativa especializada o tratamiento específico dirigido a personas que padecen alteraciones en la percepción que determinan una alteración grave de la conciencia de la realidad.

Regulación normativa: artículos 5.2 y 7.1.d) y e) LORPM; artículos 27 y 59.3 RLORPM; artículo 20.3º CP.

Jurisprudencia: STS de 18 de octubre de 1993 (*Tol 5015641*); SAP de Alicante 298/2007, de 17 de julio (*Tol 1801658*); SJM núm. 5 de Madrid de 13 de octubre de 2003 (*Tol 318660*).

ÁMBITO DE APLICACIÓN DEL RÉGIMEN DISCIPLINARIO DE LOS CENTROS

El régimen disciplinario de los centros se aplicará a todos los menores que cumplan medidas de internamiento en régimen cerrado, abierto o semiabierto, y terapéutico, bien en centros propios o colaboradores, tanto dentro del centro como durante los traslados, conducciones o salidas autorizadas que aquellos realicen. Sin embargo, no será aplicable a aquellos menores a los que se haya impuesto una medida de internamiento terapéutico como consecuencia de una anomalía o alteración psíquica o de una alteración en la percepción que les impida comprender la ilicitud de los hechos o actuar conforme a aquella comprensión, mientras se mantengan en tal estado.

Regulación normativa: artículo 59 RLORPM.

ÁMBITO OBJETIVO DE APLICACIÓN

La LORPM se aplica para exigir la responsabilidad de las personas mayores de catorce años y menores de dieciocho por la comisión de hechos tipificados como delitos o faltas en el Código Penal o las leyes penales especiales (Ley 209/1964, de 24 de diciembre, Penal y Procesal de la Navegación Aérea, Ley 40/1979, de 10 de diciembre, sobre régimen jurídico de Control de Cambios, Ley Orgánica 5/1985, de 19 de junio, del Régimen Electoral General, Ley Orgánica 5/1995, de 22 de mayo, del Tribunal del Jurado, Ley Orgánica 12/1995, de 12 de diciembre, de represión del Contrabando y Ley Orgánica 13/1985, de 9 de diciembre, de Código Penal Militar).

Regulación normativa: artículo 1 LORPM.

ÁMBITO SUBJETIVO DE APLICACIÓN

El CP establece en su artículo 19 que los menores de dieciocho años no serán responsables criminalmente con arreglo al mismo y que cuando un menor de dicha edad cometa un hecho delictivo podrá ser responsable con arreglo a lo dispuesto en la ley que regule la responsabilidad penal del menor.

El artículo 1 de la LORPM fija su ámbito subjetivo de aplicación al prever que se aplicará para exigir la responsabilidad de las personas mayores de catorce años y menores de dieciocho por la comisión de hechos tipificados como delitos o faltas en el CP o en las leyes penales especiales.

También prevé el artículo 69 del CP la posibilidad de que al mayor de dieciocho años y menor de veintiuno que cometa un hecho delictivo, puedan serle de aplicación las disposiciones de la ley que regule la responsabilidad penal del menor en los casos y con los requisitos que ésta disponga. Esta previsión se materializó inicialmente en el artículo 4 de la LORPM que preveía su aplicación a los mayores de dieciocho años y menores de veintiuno cuando el Juez de Instrucción competente, oídos el Ministerio Fiscal, el letrado del imputado y el equipo técnico, así lo declarara expresamente mediante auto, siempre que se dieran determinadas condiciones para su aplicación. Sin embargo, esta posibilidad nunca se llegó a aplicar, primero porque fue demorándose la entrada en vigor de este artículo (la Ley Orgánica 9/2000 suspendió su aplicación por un plazo de 2 años desde la entrada en vigor de la LORPM y la Ley Orgánica 9/2002 prolongó esa suspensión hasta el 1 de enero de 2007) y posteriormente porque el mismo fue derogado por la Ley Orgánica 8/2006, si bien por un error en cuanto a las fechas de entrada en vigor de esta última ley (entró en vigor el 5 de febrero de 2007), la posibilidad de aplicar la LORPM a esta franja de edad estuvo formalmente vigente entre el 1 de enero y el 4 de febrero de 2007.

Los menores de 14 años autores de infracciones penales no están sujetos a responsabilidad penal, regulándose en el artículo 3 de la LORPM que se les aplicará lo dispuesto en las normas sobre protección de menores previstas en el Código Civil y demás disposiciones vigentes, a cuyo fin el Ministerio Fiscal deberá remitir a la entidad pública de protección la información que considere precisa sobre

el menor a in de que se valore su situación y se puedan adoptar las medidas de protección adecuadas si fuere necesario.
Para determinar la normativa aplicable se debe tener en cuenta la edad en el momento de la comisión de los hechos, aplicándose la LORPM cuando el menor tuviera entre 14 y 17 años en dicho momento, sin que tenga incidencia el hecho de que alcance la mayoría de edad al comienzo del procedimiento o durante su tramitación.
En relación al criterio para computar la edad el artículo 315 del CC establece que para el cómputo de los años para la mayoría de edad se incluirá completo el día del nacimiento, criterio este que no es asumido por doctrina y jurisprudencia que opinan que la edad se ha de fijar de momento a momento, tomando en cuenta el del nacimiento y en caso de que no conste la hora habrá de entenderse que aquél tuvo lugar al final del día, con base al principio in dubio pro reo. De este parecer se mostró la Fiscalía General del Estado en la Instrucción 1/1993, de 16 de marzo de 1993, sobre líneas generales de actuación del Ministerio Fiscal en el procedimiento de la Ley Orgánica 4/1992.

Regulación normativa: artículos 1, 3 y 5 LORPM; artículos 19 y 69 CP.

Jurisprudencia: SSTS de 14 de enero de 1988 (*Tol 2351427*), de 24 de septiembre de 1992 (*Tol 398544*), de 26 de mayo de 1999 (*Tol 14317*), 502/2007, de 4 de junio (*Tol 1106844*), 508/2007, de 13 de junio (*Tol 1106850*) y 745/2008, de 25 de noviembre (*Tol 1413557*).

AMONESTACIÓN

Medida no privativa de libertad que consiste en la reprensión de la persona llevada a cabo por el Juez de Menores y dirigida a hacerle comprender la gravedad de los hechos cometidos y las consecuencias que los mismos han tenido o podrían haber tenido, instándole a no volver a cometer tales hechos en el futuro.
El Juez, en un acto único que tiene lugar en la sede judicial, manifiesta al menor de modo concreto y claro las razones que hacen

socialmente intolerables los hechos cometidos, le expone las consecuencias que para él y para la víctima han tenido o podían haber tenido tales hechos, y le formula recomendaciones para el futuro.

Regulación normativa: Exposición de Motivos (nº 14) y artículo 7.1.m) LORPM.

ANOMALÍAS O ALTERACIONES PSÍQUICAS

El Código Penal declara exento de responsabilidad criminal al que, al tiempo de cometer la infracción penal, no puede comprender la ilicitud del hecho penal o actuar conforme a esa comprensión, a causa de cualquier anomalía o alteración psíquica.

La anomalía o alteración psíquica equivale a toda forma de enajenación o anormalidad mental determinante de una modificación de las facultades volitivas o cognoscitivas del sujeto, que afectan a éste de una forma duradera, con el resultado de que el sujeto se ve privado del raciocinio o de la voluntad o de ambas.

La nueva redacción de la otrora eximente de enajenación mental facilita enormemente establecer cuando la actual eximente existe, porque establece como determinativos o no de su presencia los resultados anímicos que se producen en el sujeto afectado por una anomalía o alteración psíquica: la afectación de la comprensión de la ilicitud de la conducta o, caso de darse esa comprensión, la afectación de la capacidad de actuar de acuerdo con lo que se comprende. Estos dos posibles resultados han de tener como causa y presupuesto una anomalía o alteración psíquica, en la que podrán incluirse síntomas y explicaciones científicas de variada procedencia.

La LORPM establece que el internamiento terapéutico o el tratamiento ambulatorio son de imposición a los menores en quienes concurran la circunstancia prevista en el número 1º del Código Penal, esto es, una anomalía o alteración psíquica.

Regulación normativa: artículo 7.1.d) y e) LORPM; artículos 27 y 59.3 RLORPM; artículo 20.1º CP.

Jurisprudencia: SAP de Alicante de 22 de noviembre de 2004 (*Tol 528826*); SAP de Cuenca 42/2005, de 2 de mayo de 2005 (*Tol 638520*); SAP de Barcelona 528/2007, de 4 de julio (*Tol 1142960*); SJM núm. 1 de Murcia de 1 de junio de 2001.

ANTECEDENTES PENALES

La Disposición adicional tercera de la LORPM estableció la creación en el Ministerio de Justicia de un Registro de sentencias firmes dictadas en aplicación de dicha Ley, señalando que sus datos sólo podrán ser utilizados por los Jueces de Menores y por el Ministerio Fiscal a efectos de lo establecido en los artículos 6, 30 y 47 de la LORPM, teniendo en cuenta lo dispuesto en la Ley Orgánica 15/1999, de 13 de diciembre, de Protección de Datos de Carácter Personal y sus disposiciones complementarias.

Este registro se encuentra regulado en el Real Decreto 95/2009, de 6 de febrero, por el que se regula el Sistema de registros administrativos de apoyo a la Administración de Justicia (*Vid.* Registro de sentencias firmes).

El acceso a este registro solo es posible a Jueces de Menores y al Ministerio Fiscal a los efectos previstos en la LORPM, nunca, por tanto, a efectos distintos de los allí previstos. La primera consecuencia es que estos antecedentes no serán computables en procedimientos penales ante la jurisdicción de adultos, como por ejemplo para poder apreciar la agravante de reincidencia, circunstancia que podría motivar la imposición de la pena en su mitad superior o incluso la pena superior en grado, o para apreciar habitualidad delictiva. Del mismo modo, y en otro ámbito diferente, tampoco tendrían incidencia conductas anteriores a la mayoría de edad a efectos de apreciar la violencia habitual del artículo 173.2 del CP, o para agravar la pena en el delito de detención ilegal del artículo 163.3 del CP el tiempo transcurrido entre el momento de la detención y la mayoría de edad de su autor.

Regulación normativa: DA Tercera LORPM.

ANTECEDENTES POLICIALES

Los antecedentes policiales desfavorables derivan de los hechos tipificados en el Código Penal o de aquellos otros de carácter administrativo que han llevado, por parte de las Fuerzas y Cuerpos de Seguridad del Estado, a la instrucción de diligencias y su posterior remisión a las Autoridades Judiciales o Administrativas.
Los antecedentes policiales son datos personales registrados en soporte físico y obtenidos sin el consentimiento de la persona afectada y susceptibles de tratamiento, de acuerdo con la Ley Orgánica 15/1999 de 3 de diciembre, de Protección de los Datos de Carácter Personal.
Los antecedentes policiales constan en los ficheros de la Dirección General de la Policía Nacional y de la Dirección General de la Guardia Civil.

Regulación normativa: artículos 7.5 y 22 LOPD.

ASISTENCIA A CENTRO DE DÍA

Medida no privativa de libertad, que puede adoptarse sólo con carácter firme y en el caso de hechos tipificados como delito. No puede, por tanto, imponerse de forma cautelar ni tampoco en el caso de faltas.
Consiste en la realización por el menor, en un centro que se encuentre planamente integrado en la comunidad, de actividades de apoyo, educativas, formativas, laborales o de ocio, al objeto de mejorar su competencia social.
La medida sirve el propósito de proporcionar a un menor un ambiente estructurado durante buena parte del día, en el que se lleven a cabo actividades socio-educativas que puedan compensar las carencias del ambiente familiar de aquel.

Lo característico del centro de día es que en ese lugar es donde toma cuerpo lo esencial del proyecto socio-educativo del menor, si bien éste puede asistir también a otros lugares para hacer uso de otros recursos de ocio o culturales.
Durante el cumplimiento de la medida el menor continuará residiendo en su domicilio habitual, sea éste su propio hogar, el de su familia, el de una familia acogedora o un centro de acogida.
Según establece el RLORPM, tendrán la condición de centro de día los recursos incluidos en la red de servicios sociales de cada Comunidad Autónoma, siempre que se encuentren integrados en la comunidad y sean adecuados a la finalidad de la medida.

Regulación normativa: Exposición de Motivos (nº 20) y artículo 7.1.f) LORPM; artículo 17 RLORPM.

ASISTENCIA ESCOLAR Y FORMATIVA

El artículo 56 de la LORPM reconoce el derecho del menor de edad civil a recibir una educación y formación integral en todos los ámbitos, y el derecho de los menores internados a recibir la enseñanza básica obligatoria que corresponda a su edad, cualquiera que sea su situación en el centro, y a recibir una formación educativa o profesional adecuada a sus circunstancias.
Consecuencia de ello el RLORPM dispone que la entidad pública y el organismo que en el respectivo territorio tenga atribuida la competencia en la materia adoptarán las medidas oportunas para garantizar el derecho de los menores internados a recibir la enseñanza básica obligatoria que legalmente le corresponda, cualquiera que sea su situación en el centro. También facilitarán a los menores el acceso a los otros estudios que componen los diferentes niveles del sistema educativo y otras enseñanzas no regladas que contribuyan a su desarrollo personal y sean adecuadas a sus circunstancias.
Al efecto de lo dispuesto anteriormente, cuando el menor no pueda asistir a los centros docentes de la zona a causa del régimen o tipo de

internamiento impuesto, la entidad pública y el organismo competente en la materia arbitrarán los medios necesarios para que pueda recibir la enseñanza correspondiente en el centro de internamiento.
El organismo que en el territorio de residencia del menor tenga atribuidas las competencias en materia de educación garantizará la incorporación inmediata del menor que haya sido puesto en libertad y que se encuentre en el período de la enseñanza básica obligatoria al centro docente que le corresponda. Con esta finalidad, la entidad pública comunicará esta circunstancia y la documentación escolar correspondiente al citado organismo.
Los certificados y diplomas de estudio, expediente académico y libros de escolaridad no han de indicar, en ningún caso, que se han tramitado o conseguido en un centro para menores infractores.

Regulación normativa: artículo 56.2, letras b) y f) LORPM; artículo 37 RLORPM.

ASISTENCIA RELIGIOSA

El artículo 56 de la LORPM reconoce el derecho de los menores internados a que se respete su libertad religiosa, así como el derecho al ejercicio de los derechos religiosos.
Consecuencia de ello el RLORPM dispone que todos los menores internados tendrán derecho a dirigirse a una confesión religiosa registrada, de conformidad con lo previsto por la legislación vigente. Ningún menor internado podrá ser obligado a asistir o participar en los actos de una confesión religiosa. La entidad pública deberá facilitar que los menores puedan respetar la alimentación, los ritos y las fiestas de su propia confesión, siempre que sea compatible con los derechos fundamentales de los otros internos y no afecte a la seguridad del centro y al desarrollo de la vida en el centro.
El artículo IV del Acuerdo entre el Estado Español y la Santa Sede sobre Asuntos Jurídicos, de 3 de enero de 1979, ratificado por Instrumento de 4 de diciembre de 1979, donde el Estado reconoce y garan-

tiza el ejercicio del derecho a la asistencia religiosa de los ciudadanos internados en establecimientos penitenciarios, hospitales, sanatorios, orfanatos y centros similares, tanto privados como públicos.
El artículo 2 de la LOLR, señala que, para la aplicación real y efectiva de los derechos derivados de la libertad religiosa y de culto, los poderes públicos adoptaran las medidas necesarias para facilitar la asistencia religiosa en los establecimientos públicos militares, hospitalarios, asistenciales, penitenciarios y otros bajo su dependencia, así como la formación religiosa en centros docentes públicos.
Se garantiza también el ejercicio del derecho a la asistencia religiosa de los internados en centros o establecimientos penitenciarios, hospitalarios, asistenciales u otros análogos del sector público en las siguientes leyes: Ley 24/1992, por la que se aprueba el acuerdo de cooperación del Estado con la Federación de Entidades Religiosas Evangélicas de España; Ley 25/1992, por la que se aprueba el acuerdo de cooperación del Estado con la Federación de Comunidades Israelitas de España; y Ley 26/1992, por la que se aprueba el acuerdo de cooperación del Estado con la Comisión Islámica de España.

Regulación normativa: artículos 56.1 y 56.2.d) LORPM; artículo 2 LOLR; artículo 39 RLORPM.

ASISTENCIA SANITARIA

El artículo 56 de la LORPM reconoce el derecho de los menores internados a que la entidad pública de la que depende el centro vele por su vida, su integridad física y su salud, así como a la asistencia sanitaria gratuita.
Como consecuencia de ello el RLORPM establece que la entidad pública y el organismo que en el respectivo territorio tengan atribuida la competencia en la materia adoptarán las medidas oportunas para garantizar el derecho de los menores internados a la asistencia sanitaria gratuita, obligando a la entidad pública a adoptar las medidas oportunas para que se dispense a los menores la asistencia

sanitaria en los términos y con las garantías previstos en la legislación aplicable, incluida la realización de pruebas analíticas para la detección de enfermedades infecto-contagiosas que pudieran suponer un peligro para la salud o la vida del propio menor o de terceras personas. De las intervenciones médicas que se realicen se deberá dar conocimiento al Juez de Menores competente y, en su caso, al representante legal del menor.

Cuando a criterio facultativo se precise el ingreso del menor en un centro hospitalario y no se cuente con la autorización del menor, o de su representante legal, la entidad pública deberá solicitar al Juez de Menores competente la autorización del ingreso, salvo en caso de urgencia en que la comunicación al Juez se hará posteriormente de forma inmediata.

La entidad pública permitirá que se facilite al menor información sobre su estado de salud de forma adecuada a su grado de comprensión. Dicha información también será puesta en conocimiento de su representante legal.

La vigilancia y custodia de los menores durante su permanencia en centros sanitarios podrá llevarse a cabo por las Fuerzas y Cuerpos de Seguridad cuando exista riesgo fundado para la vida o la integridad física de las personas o para las instalaciones sanitarias, si así lo solicita el director del centro en el que se encuentre internado.

Regulación normativa: artículo 43 CE; artículo 56.2.f) LORPM; artículo 38 RLORPM.

Jurisprudencia: STC 48/1996, de 23 de marzo (*Tol 319143*).

B

BANDAS

Una banda es la unión más o menos estable y compleja de un grupo o pluralidad de personas que se forma con la finalidad de realizar

una serie de actividades en común. Cuando el delito se comete en grupo o pertenencia o actuación al servicio de una banda, organización o asociación criminal la LORPM prevé la posibilidad de imponer una medida de internamiento en régimen cerrado.
Los menores pertenecientes a una banda, organización o asociación criminal no pueden cumplir la medida de internamiento impuesta en el mismo centro por lo que se les asignan uno distinto aunque supongan alejamiento del entorno familiar y social (*Vid.* Grupo).

Regulación normativa: artículo 9.2.c) y 46.3 LORPM.

Jurisprudencia: SAP de Madrid 35/2007, de 2 de febrero (*Tol 1043249*); SJM núm. 3 de Sevilla de 24 de marzo de 2011.

BEBIDAS ALCOHÓLICAS

Todos los objetos o artículos que contengan alcohol se consideran objetos prohibidos (*Vid.* Objetos prohibidos).

Regulación normativa: artículo 30.2.d).1º RLORPM.

C

CACHEOS

Vid. Medidas de vigilancia y seguridad, registros con desnudo integral, registro de personas, ropas y enseres y vigilancia y seguridad.

CADUCIDAD DEL PROCEDIMIENTO DISCIPLINARIO

La caducidad, en el Derecho Administrativo, es una de las formas de terminación de algunos procedimientos. Se ocasiona por el trans-

curso de un determinado lapso de tiempo desde la iniciación del procedimiento sin que se haya producido la resolución del mismo.
El artículo 77 del RLORPM establece que transcurrido el plazo máximo de un mes desde la iniciación del procedimiento disciplinario sin que la resolución se hubiera notificado al menor expedientado, se entenderá caducado el procedimiento disciplinario y se procederá al archivo de las actuaciones, siempre que la demora no fuera imputable al interesado.
Sobre los efectos de la caducidad, el artículo 44 de la LRJAP-PAC establece que "En los procedimientos en que la Administración ejercite potestades sancionadoras o, en general, de intervención, susceptibles de producir efectos desfavorables o de gravamen, se producirá la caducidad. En estos casos, la resolución que declare la caducidad ordenará el archivo de las actuaciones, con los efectos previstos en el artículo 92", estableciendo el artículo 92.3 que "la caducidad no producirá por sí sola la prescripción de las acciones del particular o de la Administración, pero los procedimientos caducados no interrumpirán el plazo de prescripción".

Regulación normativa: artículo 77 RLORPM; artículos 44 y 92.3 LRJAP-PAC.

CANCELACIÓN DE ANTECEDENTES

Dado que no es admisible mantener el estigma que la condena impone sobre el delincuente de una manera indefinida y perpetua, el Código Penal prevé la cancelación de los antecedentes penales como consecuencia obligada del ideal rehabilitador.
El Ministerio de Justicia, de oficio o a instancia de parte, procederá a cancelar los antecedentes penales, cuando hayan transcurrido sin haber vuelto a delinquir unos plazos.
Los plazos se fijan en función del tipo de pena impuesta, y se cuentan desde el día siguiente a aquél en que quedara extinguida la pena (*Vid.* Antecedentes penales. Registro de sentencias firmes).

Regulación normativa: artículo 136 CP.

Jurisprudencia: STS 623/2004, de 13 de mayo (*Tol 449332*); SAP de Las Palmas 28/2011, de 4 de febrero (*Tol 2169426*).

CAREO

Cuando en el acto del juicio se producen declaraciones contradictorias entre las personas que en el mismo intervienen, el Juez, ya sea de oficio o a instancia de parte, puede acordar el careo, esto es, la confrontación de aquéllos, En el proceso penal de menores, el órgano actuante puede denegar a la acusación particular la práctica de la prueba de careo si la misma no resulta fundamental para la averiguación de los hechos o la participación del menor en los mismos.

Regulación normativa: artículo 25.e) LORPM; artículos 451 y ss. LECrim.

Jurisprudencia: STS 587/2010, de 27 de mayo (*Tol 1896229*).

CAUSAS DE JUSTIFICACIÓN

No existe ningún tipo de responsabilidad y, por tanto, no es posible imponer medida alguna si en el menor concurre alguna de las causas de justificación previstas en el Código Penal.
El texto punitivo prevé como causas de justificación: la legítima defensa, el estado de necesidad y el ejercicio legítimo de un derecho, oficio o cargo, así como los casos de error invencible de prohibición.

Regulación normativa: artículo 5.1 LORPM; artículos 20.4°, 5° y 7° y 14 CP.

Jurisprudencia: SAP de Huelva 298/2012, de 28 de noviembre (*Tol 3659612*); SAP de Tarragona 9/2013, de 21 de diciembre (*Tol 3724103*).

CAUSAS QUE EXIMEN DE LA RESPONSABILIDAD CRIMINAL

Para la aplicación de las medidas sancionadoras previstas en la LORPM es requisito indispensable la culpabilidad del menor. Los menores serán responsables siempre que no concurra en ellos ninguna de las causas que eximen de la responsabilidad criminal previstas en el Código Penal.

El Código Penal contempla como causas que eximen de la responsabilidad penal: la anomalía o alteración psíquica, la intoxicación plena por ingesta de bebidas alcohólicas o sustancias tóxicas, estupefacientes, psicotrópicas u otras que produzcan efectos análogos o actuación bajo el síndrome de abstinencia y las alteraciones en la percepción. En estos casos falta la culpabilidad y se habla, por tanto, de inimputabilidad.

En los casos de inimputabilidad del menor se establece su irresponsabilidad penal, no así la civil, por lo que se excluye la aplicación de sanción, que en su caso, será sustituida por una medida terapéutica. El procedimiento continúa, por tanto, para establecer en la sentencia la concurrencia o no de dicha circunstancia eximente y si procede, en su caso, la clase de medida terapéutica a aplicar.

Las medidas que se prevén en estos casos son el internamiento en régimen cerrado y el tratamiento ambulatorio.

Regulación normativa: artículos 5.1 y 2, 9.5 y 29 LORPM; artículo 20.1º, 2º y 3º CP.

Jurisprudencia: SAP de Madrid 154/2004, de 16 de marzo (*Tol 491581*); SAP de Huelva 298/2012, de 28 de noviembre (*Tol 3659612*).

CENTROS DE MENORES

El principio de separación entre adultos y menores se consagra en la legislación penitenciaria y se justifica por la necesidad de dar una respuesta diferente al infractor que no ha cumplido la mayoría de edad y, sobre todo, por la finalidad educativa. Ello conlleva a que los centros de menores sean centros específicos diferentes de los previstos en la legislación penitenciaria.

Todos los centros de menores se rigen por una normativa de funcionamiento interno. Los centros están divididos en módulos (*Vid.* módulos).

En cada centro ha de haber una lista de objetos y sustancias cuya tenencia está prohibida, considerándose, en todo caso, objetos o sustancias prohibidos: las bebidas alcohólicas, las drogas tóxicas, etc.

Regulación normativa: artículo 54 LORPM; artículos 30 a 33 RLORPM; artículos 9.2 y 16 LOGP.

Jurisprudencia: SAP de Cuenca 42/2005, de 2 de mayo (*Tol 638516*); SAP de Cuenca 9/2005, de 19 de mayo (*Tol 655222*).

CENTROS DE PROTECCIÓN ESPECÍFICOS DE MENORES CON PROBLEMAS DE CONDUCTA

Los menores con problemas de conducta ingresan en centros de protección específicos. Estos centros de protección tienen en cuenta las especiales características, complejidad, condiciones y necesidades de estos menores que requieren de una intervención especializada cuando se encuentren bajo la protección de la Entidad Pública.

El ingreso en un centro de protección específico requiere un previo informe sobre la situación social y el estado psíquico del menor.

Estos centros nunca pueden concebirse como instrumentos de defensa social frente a menores conflictivos, teniendo en cuenta, además, que la intervención no deriva de la previa acreditación de la comisión de delitos. Estos centros deben proporcionar a los menores con problemas de conducta, cuando las instancias familiares y educativas ordinarias no existen o han fracasado, un marco adecuado para la educación, la normalización de su conducta y el libre y armónico desarrollo de su personalidad.

Regulación normativa: artículos 25 a 35 LOPJM.

CIRCUNSTANCIAS MODIFICATIVAS DE LA RESPONSABILIDAD CRIMINAL

Se entiende por circunstancias modificativas de la responsabilidad criminal aquellas situaciones que rodean a la realización del hecho o que suponen especiales condiciones del autor, determinando la modulación de la pena aplicable.

Las circunstancias modificativas se clasifican en circunstancias que atenúan la responsabilidad penal o atenuantes, circunstancias que agravan la responsabilidad penal o agravantes y circunstancia mixta o de parentesco que puede bien atenuar o bien agravar la responsabilidad criminal.

A pesar de la escasa relevancia de las circunstancias modificativas del Código Penal en el Derecho penal de menores, la LORPM da un significado especial a dos de estas circunstancias: la reparación del daño y la reincidencia.

Regulación normativa: artículos 21, 22 y 23 CP.

Jurisprudencia: STC 36/91 de 14 de febrero (*Tol 80450*).

CIRCUNSTANCIAS QUE AGRAVAN LA RESPONSABILIDAD CRIMINAL

Son aquellas circunstancias modificativas de la responsabilidad criminal que determinan un aumento de la pena correspondiente al delito por ser reveladora de una mayor peligrosidad del sujeto o una mayor antijuricidad de su conducta.

El catálogo de agravantes previsto en el Código Penal está integrado por: la alevosía, disfraz, abuso de superioridad o aprovechamiento de las circunstancias de lugar (despoblado), tiempo (nocturnidad) o auxilio de otras personas, precio, recompensa o promesa, motivos racistas, antisemitas o discriminatorios, ensañamiento, abuso de confianza, prevalimiento del carácter público y reincidencia.

Regulación normativa: artículos 22 y 23 CP.

CIRCUNSTANCIAS QUE ATENÚAN LA RESPONSABILIDAD CRIMINAL

Las circunstancias atenuantes se caracterizan por una rebaja o disminución de la pena correspondiente al delito por ser reveladoras de una menor gravedad del injusto o un menor reproche de culpabilidad.

El Código Penal recoge como tales: la grave adición a las drogas o al alcohol, arrebato y obcecación, confesión, reparación del daño, dilaciones indebidas y cualquier otra circunstancia análoga a las anteriores.

la LORPM apuesta decididamente por la conciliación y/o reparación para la solución del conflicto. Así la conciliación y/o reparación del menor a la víctima puede dar lugar al archivo del procedimiento o, en una fase más avanzada del mismo, se puede llegar a suspender la medida impuesta.

Regulación normativa: artículos 21 y 23 CP.

Jurisprudencia: SAP de Granada 580/2012, de 8 de noviembre (*Tol 3296998*); SAP de Segovia, 39/2014, de 29 de julio (*Tol 4514857*); SAP de Las Palmas 198/ 2014, de 13 de agosto (*Tol 4540196*); SAP de Madrid 242/2015, de 13 de mayo (*Tol 5185061*).

CLASIFICACIÓN DE LAS FALTAS DISCIPLINARIAS

Las faltas disciplinarias que pueden cometer los menores internados en centros se clasifican en muy graves, graves y leves, atendiendo a la violencia desarrollada por el sujeto, su intencionalidad, la importancia del resultado y el número de personas ofendidas.

Regulación normativa: artículo 60.2 LORPM; artículo 61 RLORPM.

COMPETENCIA FUNCIONAL

Vid. Competencia para la ejecución de medidas.

COMPETENCIA PARA LA EJECUCIÓN DE MEDIDAS

El artículo 45 de la LORPM establece una regla general, señalando que la ejecución de las medidas adoptadas por los Jueces de Menores en sus sentencias firmes es competencia de las Comunidades Autónomas y de las Ciudades de Ceuta y Melilla, correspondiendo a aquella donde se ubique el Juzgado de Menores que haya dictado la misma, pudiendo establecer los convenios o acuerdos de colaboración necesarios con otras entidades, bien sean públicas, de la Administración del Estado, Local o de otras Comunidades Autónomas, o privadas sin ánimo de lucro, para la ejecución de las medidas de su competencia, bajo su directa supervisión, sin que ello suponga en ningún caso la cesión de la titularidad y responsabilidad derivada de dicha ejecución.

El RLORPM ha venido a delimitar mejor las competencias determinando a quien corresponde en concreto la ejecución de las diversas medidas: 1) Corresponde a las Comunidades Autónomas y las Ciudades de Ceuta y Melilla la ejecución de las siguientes medidas previstas en la LORPM: a) La ejecución de las medidas cautelares adoptadas de conformidad con el artículo 28; b) La ejecución de las medidas adoptadas por los Jueces de Menores en sus sentencias firmes, previstas en los párrafos a) a h) y j) a l) del artículo 7.1; c) La ejecución del régimen de libertad vigilada y de la actividad socioeducativa a la que alude el artículo 40.2.c). 2). Corresponde al Estado, en los establecimientos y con el control del personal especializado que ponga a disposición de la Audiencia Nacional, la ejecución de la detención preventiva, de las medidas cautelares de internamiento y de las medidas adoptadas en sentencia firme que acuerden el Juzgado Central de Menores o la sala correspondiente de la Audiencia Nacional, sin perjuicio de los convenios que, en su caso, pueda establecer para dicha finalidad con las Comunidades Autónomas y las Ciudades de Ceuta y Melilla. 3) Corresponde a las instituciones públicas que en el respectivo territorio tengan encomendada la ejecución de las medidas penales a las que alude el artículo 105.1 del Código Penal, la ejecución de la medida de libertad vigilada sucesiva a la de internamiento en régimen cerrado impuesta de conformidad con lo previsto en los apartados 1.b) y 2.b) del artículo 10. 4) Las medidas de privación del permiso de conducir ciclomotores o vehículos a motor, o del derecho a obtenerlo, o de las licencias administrativas para caza o para cualquier tipo de armas y la inhabilitación absoluta, si no fueran ejecutadas directamente por el Juez de Menores, se ejecutarán por los órganos administrativos competentes por razón de la materia. 5) Si en virtud de lo dispuesto en el artículo 14, se ordena el cumplimiento de la medida de internamiento del menor en un centro penitenciario, la competencia para la ejecución de esta será de la Administración penitenciaria, Esta competencia será extensiva a la ejecución de las medidas pendientes de cumplimiento del artículo 7.1.*e) a* h) y j) a l) una vez finalizado el internamiento.

Regulación normativa: artículos 45 y 54 LORPM; artículo 8 RLORPM.

COMPETENCIA TERRITORIAL

En materia de competencia territorial, rige como regla general el *forum delicti comissi*, esto es, que la competencia corresponderá al Juez de Menores del "lugar donde se haya cometido el hecho delictivo", excepto en los supuestos de delitos conexos cometidos en diferentes territorios, en cuyo caso el criterio de competencia que regirá será el del domicilio del menor. En el caso de delitos conexos cometidos por vía informática contra víctimas residentes en distintas provincias, la competencia será del Juzgado de la provincia donde tiene su domicilio el presunto autor de los hechos por aplicación de la norma específica de competencia del artículo 20.3 de la LORPM.

Subsidiariamente, será competente el Juzgado del lugar en el que se hubiese cometido el delito castigado legalmente de forma más severa, y si todos los delitos cometidos tuviesen el mismo castigo, por el primero que comenzara la causa. Si las causas hubieran comenzado al mismo tiempo o no consta cual comenzó primero, el que la Audiencia o el Tribunal Supremo en su caso designen.

Para el procedimiento de *habeas corpus*, será competente el Juez de Instrucción del lugar en el que se encuentre el menor privado de libertad, o, si no constare, el del lugar en el que fue detenido, o, en su defecto, del lugar en el que se tuvieron las últimas noticias sobre su paradero.

Regulación normativa: artículo 20.3 LORPM; artículo 18 LECrim.

Jurisprudencia: ATS 9017/2014, de 6 de noviembre (*Tol 4680222*); AAP de Cáceres 50/2001, de 30 de junio (*Tol 127703*).

COMPETENCIAS DE LOS JUECES DE MENORES

Vid. Juez de Menores.

COMUNICACIONES

La LORPM reconoce a todos los menores internados el derecho a comunicarse libremente con sus padres, representantes legales, familiares u otras personas, así como con sus letrados, con el Juez de Menores competente, con el Ministerio Fiscal y con los servicios de inspección de centros de internamiento.

En congruencia con este reconocimiento, el RLORPM ha establecido un régimen de comunicaciones y visitas habilitado desde el mismo momento del ingreso del menor en el centro, distinguiendo las siguientes modalidades: comunicaciones y visitas de familiares y de otras personas, comunicaciones con el Juez, el Ministerio Fiscal, el abogado y con otros profesionales y autoridades, comunicaciones telefónicas y comunicaciones escritas.

Regulación normativa: artículos 56.2.h) e i) y 60 LORPM; artículos 40 a 43 RLORPM.

Jurisprudencia: STS de 10 de noviembre de 2006, Sala 3ª, Sección 6ª (*Tol 1018735*).

COMUNICACIONES CON ABOGADOS Y PROCURADORES

Los menores internados tienen derecho a comunicarse reservadamente, en local apropiado, con sus abogados y procuradores.

El menor podrá realizar la solicitud de comunicación directamente por escrito, pudiendo también manifestar al director del centro, verbalmente o por escrito, la solicitud de comunicación, el cual dará traslado de esta de forma inmediata a su destinatario y, en todo caso, dentro de las 24 horas siguientes.

La comunicación telefónica o personal con el abogado se llevará a cabo en el centro en la fecha que estos requieran.

En el momento de la visita, el abogado o el procurador presentarán al director del centro o al órgano que la entidad pública haya establecido en su normativa el carné profesional que los acredite como tales, además de la designación o documento en el que consten como defensor o representante del menor en las causas que se sigan contra él o por las cuales estuviera internado. Las comunicaciones del menor con su abogado o procurador no podrán ser suspendidas, en ningún caso, por decisión administrativa. Solamente podrán ser suspendidas previa orden expresa de la autoridad judicial. Tampoco podrán ser objeto de intervención, restricción o limitación administrativa de ningún tipo.

Los abogados y procuradores deberán acreditarse convenientemente al personal de seguridad del centro.

Regulación normativa: artículos 56.2.i) y 60.1 LORPM; artículo 41, apartados 1, 4, 5, 6, 8 y 9, RLORPM.

Jurisprudencia: SSTC 73/1983, de 30 de julio (*Tol 526737*), 183/1994, de 20 de junio (*Tol 82588*), 197/1994, de 2 de julio (*Tol 104653*) y 58/1998, de 16 de marzo (*Tol 64223*); STS de 10 de noviembre de 2006, Sala 3ª, Sección 6ª (*Tol 1018735*).

COMUNICACIONES CON EL DEFENSOR DEL PUEBLO E INSTITUCIONES ANÁLOGAS DE LAS COMUNIDADES AUTÓNOMAS

Las comunicaciones de los menores con el Defensor del Pueblo, sus Adjuntos o delegados, o con instituciones análogas de las Comunidades Autónomas, se llevarán a cabo en locales adecuados y en el horario que estos estimen oportuno.

Estas comunicaciones no podrán ser suspendidas ni ser objeto de intervención, restricción o limitación administrativa de ningún tipo.

El Defensor del Pueblo, sus Adjuntos o delegados, así como las personas de instituciones análogas de las Comunidades Autónomas deberán acreditarse convenientemente al personal de seguridad del centro.

La LODP señala que la correspondencia dirigida al Defensor del Pueblo remitida desde cualquier centro de detención, internamiento o custodia no podrá ser objeto de censura de ningún tipo y que tampoco podrá ser objeto de escucha o interferencia las conversaciones que se produzcan entre el Defensor del Pueblo o sus delegados y cualquier otra persona de las anteriormente enumeradas.

Regulación normativa: artículos 56.2.h) y 60.1 LORPM; artículo 41, apartados 7, 8 y 9, RLORPM; artículo 16 LODP.

COMUNICACIONES CON EL JUEZ DE MENORES Y EL MINISTERIO FISCAL

Los menores internados tienen derecho a comunicarse reservadamente, en local apropiado, con el Juez de Menores competente y con el Ministerio Fiscal.
El menor podrá realizar la solicitud de comunicación directamente por escrito, pudiendo también manifestar al director del centro.
El lugar, el día y la hora para la comunicación telefónica o personal del menor con el Juez de Menores o con el Ministerio Fiscal serán los que estos determinen. Cuando tengan lugar en el centro, las comunicaciones de los menores con autoridades judiciales y miembros del Ministerio Fiscal, se llevarán a cabo en locales adecuados y en el horario que estos estimen oportuno.
Estas comunicaciones no podrán ser suspendidas ni ser objeto de intervención, restricción o limitación administrativa de ningún tipo.
Los Jueces y Fiscales deberán acreditarse convenientemente al personal de seguridad del centro.

Regulación normativa: artículos 56.2.i) y 60.1 LORPM; artículo 41, apartados 1, 4, 5, 7, 8 y 9, RLORPM.

COMUNICACIONES CON LOS SERVICIOS DE INSPECCIÓN DE CENTROS DE INTERNAMIENTO

Los menores internados tienen derecho a comunicarse reservadamente, en local apropiado, con los servicios de inspección de centros de internamiento.
El menor podrá realizar la solicitud de comunicación directamente por escrito, pudiendo también manifestar al director del centro, verbalmente o por escrito, la solicitud de comunicación, el cual dará traslado de esta de forma inmediata a su destinatario y, en todo caso, dentro de las 24 horas siguientes.

La comunicación telefónica o personal con las personas responsables de la inspección de centros se llevará a cabo en el centro en la fecha que estos requieran.
Estas comunicaciones no podrán ser suspendidas ni ser objeto de intervención, restricción o limitación administrativa de ningún tipo.
Las personas responsables de la inspección de centros deberán acreditarse convenientemente al personal de seguridad del centro.

Regulación normativa: artículos 56.2.i) y 60.1 LORPM; artículo 41, apartados 1, 4, 5, 8 y 9, RLORPM.

COMUNICACIONES CON MINISTROS DE SU RELIGIÓN

Los menores internados tendrán derecho a comunicarse reservadamente con ministros de su religión para la realización de las funciones propias de su ministerio.
El menor solicitará la presencia de tales ministros al director del centro o al órgano que la entidad pública haya establecido en su normativa, dentro de los horarios que establezca la entidad pública o acuerde el director en cada caso, previa acreditación de su identidad y condición y autorización del director del centro.
Estas comunicaciones no podrán ser suspendidas ni ser objeto de intervención, restricción o limitación administrativa de ningún tipo.
Los ministros deberán acreditarse convenientemente al personal de seguridad del centro.

Regulación normativa: artículos 56.1, 56.2.d) y h) y 60.1 LORPM; artículos 39 y 41, apartados 2, 8 y 9, RLORPM.

COMUNICACIONES CON PROFESIONALES ACREDITADOS

Los menores internados tendrán derecho a comunicarse reservadamente con otros profesionales acreditados para la realización de las funciones propias de su profesión.

El menor solicitará la presencia de tales profesionales al director del centro o al órgano que la entidad pública haya establecido en su normativa, dentro de los horarios que establezca la entidad pública o acuerde el director en cada caso, previa acreditación de su identidad y condición profesional y autorización del director del centro.
Estas comunicaciones no podrán ser suspendidas ni ser objeto de intervención, restricción o limitación administrativa de ningún tipo.
Los profesionales deberán acreditarse convenientemente al personal de seguridad del centro.

Regulación normativa: artículos 56.2.h) y 60.1 LORPM; artículo 41, apartados 2, 8 y 9, RLORPM.

Jurisprudencia: AAP Madrid, sec. 4ª, 31/2002, de 10 de mayo; AAP Tarragona 269/2007, de 18 de junio.

COMUNIDACIONES DE MENORES EN INTERNAMIENTO TERAPÉUTICO

Vid. Salidas y permisos de menores en internamiento terapéutico.

COMUNICACIONES ESCRITAS

Los menores internados tienen derecho a comunicarse libremente de forma escrita, en su propia lengua, con sus padres, representantes legales, familiares u otras personas, pudiendo enviar y recibir correspondencia libremente, sin ningún tipo de censura, salvo prohibición expresa del Juez. La correspondencia que expidan y reciban los internos será registrada con indicación del nombre del interno remitente o destinatario y la fecha correspondiente en el libro que para tal fin se llevará en el centro. La recepción de correspondencia dirigida a los menores se llevará a cabo previa comprobación de la identidad de quien la deposita. La correspondencia de entrada será entregada a su destinatario, quien la abrirá en presencia del personal del centro, con el único fin de controlar que su interior no contiene objetos o sustancias prohibidas. Los menores deberán cerrar la correspondencia que envíen en presencia del personal designado por la dirección del centro, con la única finalidad de comprobar que no contiene objetos y sustancias prohibidos o que no les pertenecen legítimamente.

Regulación normativa: artículo 56.2.h) LORPM; artículos 41.1 y 43 RLORPM.

Jurisprudencia: SSTC 128/1997, de 14 de julio (*Tol 78635*), 58/1998, de 16 de marzo (*Tol 64223*); STS de 10 de noviembre de 2006, Sala 3ª, Sección 6ª (*Tol 1018735*).

COMUNICACIONES ÍNTIMAS

Los menores de edad también pueden disfrutar de los denominados encuentros *vis a vis*. Estos encuentros están previstos para los menores que no hayan disfrutado de ningún permiso de salida ordinario y de ninguna salida de fin de semana durante un plazo superior a un mes. El *vis* a *vis* o comunicación íntima tendrá lugar con el cónyuge o persona ligada por análoga relación de afectividad, que debe estar acreditada, en dependencias adecuadas del centro, que deberán respetar al máximo la intimidad. Como mínimo se autorizara una comunicación al mes, de una duración mínima de una hora.

Regulación normativa: artículos 55 y 56.2.h) LORPM; artículo 40.8 RLORPM.

Jurisprudencia: STS 116/2006, de 10 de noviembre (*Tol 1018735*).

COMUNICACIONES TELEFÓNICAS

Los menores internados podrán efectuar y recibir comunicaciones telefónicas de sus padres, representantes legales y familiares, dentro del horario establecido en el centro. Para recibir y efectuar comunicaciones con otras personas o fuera del horario establecido, se requerirá la previa autorización del director. El número mínimo de llamadas que podrán efectuar los menores será el de dos por semana con derecho a una duración mínima de 10 minutos. El abono de las llamadas correrá a cargo del menor, de acuerdo con las tarifas vigentes, salvo que la entidad pública establezca lo contrario en atención a las circunstancias del menor o al objeto de la llamada.

Regulación normativa: artículo 56.2.h) LORPM; artículo 42 RLORPM.

Jurisprudencia: STC 201/1997, de 25 de noviembre (*Tol 119196*); STS de 10 de noviembre de 2006, Sala 3ª, Sección 6ª (*Tol 1018735*).

COMUNICACIONES Y VISITAS DE FAMILIARES Y DE OTRAS PERSONAS

Los menores internados tienen derecho a comunicarse libremente de forma oral y escrita, en su propia lengua, con sus padres, representantes legales, familiares u otras personas, y a recibir sus visitas, dentro del horario establecido por el centro. Como mínimo, se autorizarán dos visitas por semana, que podrán ser acumuladas en una sola.

Además de las comunicaciones y visitas ordinarias antes citadas, el director del centro o el órgano que la entidad pública haya establecido en su normativa podrá conceder otras de carácter extraordinario o fuera del horario establecido, por motivos justificados o como incentivo a la conducta y buena evolución del menor.

Los familiares deberán acreditar el parentesco con los menores internados en el momento de la visita, y los visitantes que no sean familiares habrán de obtener la autorización previa del director del centro para poder comunicarse con el menor o visitarle. Cuando el comunicante o visitante sea menor de edad no emancipado, deberá contar con la autorización de su representante legal.

El horario de visitas deberá para permitir una comunicación de 40 minutos de duración como mínimo y el número de visitantes será

como máximo de cuatro personas, salvo que las normas de funcionamiento interno del centro o el director del mismo, por motivos justificados, autoricen la presencia de más personas.
Al menos una vez al mes, podrá tener lugar una visita de convivencia familiar por un tiempo no inferior a tres horas.
Los visitantes y comunicantes no podrán ser portadores, durante la visita o la comunicación, de bolsos o paquetes ni de objetos o sustancias prohibidas por las normas del centro, y deberán pasar los controles de identidad y seguridad establecidos por el centro, incluido el registro superficial de su persona, pudiendo el director denegar la comunicación o la visita en caso de negativa a someterse a ellos, poniéndolo en conocimiento del Juez de Menores competente.
Cuando en el desarrollo de la visita se produzcan amenazas, coacciones, agresiones verbales o físicas, se advierta un comportamiento incorrecto, o existan razones fundadas para creer que el interno o los visitantes puedan estar preparando alguna actuación delictiva o que atente contra la convivencia o la seguridad del centro, o se entienda que los visitantes pueden perjudicar al menor porque afecten negativamente al desarrollo integral de su personalidad, el director del centro ordenará la suspensión temporal o terminación de la visita.
Si se considerara que las comunicaciones perjudican o pueden perjudicar al menor porque afecten negativamente a su derecho fundamental a la educación y al desarrollo integral de su personalidad, el director lo pondrá en conocimiento del Juez de Menores competente, pudiendo suspender cautelarmente este derecho a la comunicación hasta tanto este resuelva, oídos el Ministerio Fiscal y el equipo técnico. También podrá el director suspender cautelarmente el derecho de comunicación cuando, en atención a la seguridad y buena convivencia en el centro, se aprecie razonadamente la concurrencia de peligro grave y cierto para estas. En ambos casos, la suspensión cautelar acordada por el director debe ser comunicada de manera inmediata al Juez de Menores.
En todos los centros se llevará un libro de visitas en el que queden registrados la fecha de la visita, el nombre del interno, el nombre del

visitante, su dirección y documento nacional de identidad, así como el parentesco o relación que tiene con el interno.

Regulación normativa: artículo 40 RLORPM.

Jurisprudencia: STC 128/1998, de 16 de junio (*Tol 64229*); STS de 10 de noviembre de 2006, Sala 3ª, Sección 6ª (*Tol 1018735*).

CONCILIACIÓN

La conciliación entre el menor y la víctima es una de las causas previstas en la LORPM que permite al Ministerio Fiscal desistir de la continuación del expediente, atendiendo a la gravedad y circunstancias de los hechos y del menor, y de modo particular a la falta de violencia o intimidación graves en la comisión de los hechos.
A estos efectos se entenderá producida la conciliación cuando el menor reconozca el daño causado y se disculpe ante la víctima, y ésta acepte sus disculpas. También la conciliación del menor con la víctima durante la ejecución de la medida, podrá dejar sin efecto ésta cuando el Juez, a propuesta del Ministerio Fiscal o del letrado del menor y oídos el equipo técnico y la representación de la entidad pública de protección o reforma de menores, juzgue que dicho acto y el tiempo de duración de la medida ya cumplido expresan suficientemente el reproche que merecen los hechos cometidos por el menor (*Vid.* Modo de llevar a cabo las resoluciones extrajudiciales y revisión de la medida por conciliación).

Regulación normativa: artículos 19, 27 y 51.3 LORPM; artículos 5 y 15 RLORPM.

CONCURSO DE INFRACCIONES Y NORMAS PARA EL CUMPLIMIENTO DE LAS SANCIONES

Al responsable de dos o más faltas enjuiciadas en el mismo expediente se le impondrán las sanciones correspondientes a cada una de las faltas.

También se le podrá imponer una única sanción por todas las faltas cometidas, tomando como referencia la más grave de las enjuiciadas. En el caso de que se impongan varias sanciones, se cumplirán simultáneamente, si fuera posible. Si no lo fuera, se cumplirán sucesivamente por orden de gravedad y duración, sin que puedan exceder en duración del doble de tiempo por el que se imponga la más grave. En ningún caso el cumplimiento sucesivo de diversas sanciones impuestas en el mismo o en diferentes procedimientos disciplinarios supondrá para el menor estar consecutivamente: a) más de siete días o más de cinco fines de semanas en situación de separación de grupo; b) más de un mes privado de salidas de fin de semana; c) más de dos meses privado de salidas programadas de carácter recreativo; d) más de 15 días privado de todas las actividades recreativas del centro.

Regulación normativa: artículo 68 RLORPM.

CONFLICTO DE COMPETENCIA

Los conflictos de competencia que puedan producirse entre Juzgados o Tribunales de distinto orden jurisdiccional, integrados en el Poder Judicial, se resolverán por una Sala especial del Tribunal Supremo, presidida por el Presidente y compuesta por dos Magistrados, uno por cada orden jurisdiccional en conflicto, que serán designados anualmente por la Sala de Gobierno.
El orden jurisdiccional penal es siempre preferente. Ningún Juez o Tribunal podrá plantear conflicto de competencia a los órganos de dicho orden jurisdiccional.

Regulación normativa: artículos 42, 43 y 44 LOPJ.

CONFLICTO DE JURISDICCIÓN

Los conflictos de jurisdicción entre los Juzgados o Tribunales y la Administración serán resueltos por un órgano colegiado constituido por el Presidente del Tribunal Supremo, que lo presidirá, y por cinco vocales, de los que dos serán Magistrados de la Sala de lo Contencioso-administrativo del Tribunal Supremo, designados por el Pleno del Consejo General del Poder Judicial, y los otros tres serán Consejeros Permanentes de Estado, actuando como Secretario el de Gobierno del Tribunal Supremo.

Regulación normativa: artículo 38 LOPJ.

CONTENCIÓN FÍSICA PERSONAL

Se trata de un medio de contención que consiste en reprimir o sujetar el movimiento del cuerpo del menor utilizando para ello fuerza física que no puede convertirse en manera alguna en una agresión. Esta sujeción del cuerpo requerirá en ocasiones una sujeción de carácter mecánico (*Vid.* Medios de contención).
En el caso de centros específicos de menores con problemas de conducta, una de las medidas de seguridad que se contempla es la contención física del menor que solo podrá consistir en la interposición entre el menor y la persona o el objeto que se encuentra en peligro, la restricción física de espacios y movimientos y, en última instancia, bajo un estricto protocolo, la inmovilización física.

Regulación normativa: artículo 59.2 LORPM; artículo 55 RLORPM; artículos 27 y 28 LOPJM.

CONTENCIÓN MECÁNICA

En los centros específicos de menores con problemas de conducta, una de las medidas de seguridad que se contempla es la contención mecánica que solo será admisible para evitar grave riesgo para la vida o la integridad física del menor o de terceros, y en el caso de que no sea posible reducir el nivel de estrés o de trastorno del menor por otros medios.

Dicha medida siempre debe realizarse con equipos homologados de contención mecánica, bajo un estricto protocolo.

Regulación normativa: artículos 27 y 28 LOPJM.

CONTROL JUDICIAL

El control judicial de las medidas de internamiento se realiza por el Juez de Menores que ha dictado la sentencia, en tanto que tal competencia le corresponde al Juez de Vigilancia Penitenciaria en el seguimiento de la pena de prisión. En el caso de cumplimiento de medida de internamiento en régimen cerrado en prisión, según lo dispuesto en el artículo 44 de la LORPM el Juez de Menores competente para la ejecución conservará la competencia para decidir sobre la modificación de las medidas, el resto el Juez de Vigilancia Penitenciaria.

Regulación normativa: artículo 44.3 LORPM; artículos 10, 13, 57 y 58 RLORPM.

CONVIVENCIA CON OTRA PERSONA, FAMILIA O GRUPO EDUCATIVO

Medida no privativa de libertad, que puede adoptarse tanto con carácter cautelar como firme.
La medida intenta proporcionar al menor un ambiente de socialización positivo, mediante su convivencia, durante un periodo determinado por el Juez, con una persona, con una familia distinta a la suya o con un grupo educativo que se ofrezca a cumplir la función de la familia en lo que respecta al desarrollo de pautas socioafectivas prosociales.
El menor sometido a esta medida debe convivir, durante el período de tiempo establecido por el Juez, con otra persona, con una familia

distinta a la suya o con un grupo educativo, adecuadamente seleccionados para orientarle en su proceso de socialización.

La selección de la persona, familia o grupo más idóneo se llevará a cabo por la entidad pública entre los que se hayan ofrecido y acepten voluntariamente la convivencia, escuchando al menor y, cuando sea el caso, a sus representantes legales.

Igualmente exige la predisposición del menor para llevar a cabo la convivencia.

La persona o personas que integren la familia o grupo educativo, que acepten convivir con el menor, deberán estar en pleno ejercicio de sus derechos civiles, no estar incursas en alguna de las causas de inhabilidad establecidas para los tutores en el Código Civil y tener unas condiciones personales, familiares y económicas adecuadas, a criterio de la entidad pública, para orientar al menor en su proceso de socialización.

En el programa individualizado de ejecución de la medida elaborado por el profesional designado deberá constar la aceptación expresa de la convivencia por la persona, familia o grupo educativo seleccionado, la predisposición mostrada por el menor para la convivencia y, en su caso, la opinión de los representantes legales.

La inexistencia de persona, familia o grupo educativo idóneo que acepte la convivencia se pondrá en conocimiento inmediato del Juez de Menores. Igualmente, se comunicará el desistimiento de la persona, familia o grupo educativo de la aceptación de la convivencia, una vez iniciada la ejecución de la medida.

La persona, familia o grupo educativo que asuma la convivencia adquirirá las obligaciones civiles propias de la guarda y deberá colaborar con el profesional designado en el seguimiento de la medida.

Durante la ejecución de la medida el menor conservará el derecho de relacionarse con su familia, salvo que haya una prohibición judicial expresa.

Regulación normativa: Exposición de Motivos (nº 22) y artículo. 7.1.j) LORPM; artículos 19 y 22 RLORPM; artículos 173 y 243 a 246 CC.

CORRECCIÓN EDUCATIVA

El RLORPM establece que los incumplimientos de deberes por parte de los menores internados podrán ser objeto de corrección educativa siempre que no tengan como fundamento la seguridad y el buen orden del centro. En este caso, si la conducta también fuese constitutiva de una infracción disciplinaria por atentar a la seguridad y al buen orden del centro, podrá ser objeto de la correspondiente sanción, que en ningún caso podrá extenderse al fundamento o motivo de la corrección educativa. Su fundamento se encuentra vinculado al deber de los padres de educar y procurar una formación integral de sus hijos, orientado al buen desarrollo de la personalidad del menor y no al mantenimiento del orden y la seguridad.

Regulación normativa: artículo 30.2.g) RLORPM.

Jurisprudencia: AJM Valladolid, de 16 de abril de 2008.

CORRECCIÓN EN EL ÁMBITO EDUCATIVO Y FAMILIAR

Vid. Desistimiento de la incoación del expediente.

CUESTIÓN DE COMPETENCIA

Las cuestiones de competencia entre Juzgados y Tribunales de un mismo orden jurisdiccional se resolverán por el órgano inmediato superior común, conforme a las normas establecidas en las leyes procesales. En la resolución en que se declare la falta de competencia se expresará el órgano que se considere competente.

No podrán suscitarse cuestiones de competencia entre Jueces y Tribunales subordinados entre sí. El Juez o Tribunal superior fijará, en todo caso, y sin ulterior recurso, su propia competencia, oídas las partes y el Ministerio Fiscal por plazo común de diez días. Acordado lo precedente, recabarán las actuaciones del Juez o Tribunal inferior o le remitirán las que se hallare conociendo.

Regulación normativa: artículos 51 y 52 LOPJ.

CUMPLIMIENTO DE VARIAS MEDIDAS

El artículo 47 de la LORPM señala que si se hubieran impuesto a un menor varias medidas en una misma resolución judicial, y no fuere posible su cumplimiento simultáneo, el Juez competente para la ejecución ordenará su cumplimiento sucesivo. La misma regla se aplicará a las medidas impuestas en distintas resoluciones judiciales, siempre y cuando dichas medidas sean de distinta naturaleza entre sí. En este caso será el Juez competente para la ejecución quien ordene el cumplimiento simultáneo o sucesivo. Cuando las medidas de distinta naturaleza hubieren de ejecutarse de manera sucesiva, se atenderá a los siguientes criterios: a) La medida de internamiento terapéutico se ejecutará con preferencia a cualquier otra. b) La medida de internamiento en régimen cerrado se ejecutará con preferencia al resto de las medidas de internamiento. c) La medida de internamiento se cumplirá antes que las no privativas de libertad, y en su caso interrumpirá la ejecución de éstas. d) Las medidas de libertad vigilada contempladas en el artículo 10 se ejecutarán una vez finalizado el internamiento en régimen cerrado que se prevé en el mismo artículo. e) En atención al interés del menor, el Juez podrá, previo informe del Ministerio Fiscal, de las demás partes y de la entidad pública de reforma o protección de menores, acordar motivadamente la alteración en el orden de cumplimiento previsto en las reglas anteriores.

Cuando una persona que se encuentre cumpliendo una o varias medidas impuestas con arreglo a la LORPM sea condenada a una pena o medida de seguridad prevista en el CP o en leyes penales especiales, se ejecutarán simultáneamente aquéllas y éstas si fuere materialmente posible, atendida la naturaleza de ambas, su forma de cumplimiento o la eventual suspensión de la pena impuesta, cuando proceda. No siendo posible la ejecución simultánea, se cumplirá la sanción penal, quedando sin efecto la medida o medidas impuestas en aplicación de la LORPM, salvo que se trate de una medida de internamiento y la pena impuesta sea de prisión y deba efectivamente ejecutarse. En este último caso, a no ser que el Juez de Menores acuerde la modificación de la medida, la medida de internamiento terminará de cumplirse en el centro penitenciario y una vez cumplida se ejecutará la pena.

Regulación normativa: artículo 47, apartados 2, 5, LORPM.

CUSTODIA

Durante el tiempo de detención del menor, la LORPM prevé los lugares y condiciones en que debe realizarse la estancia. Deben ser dependencias adecuadas y separadas de las que se utilicen para los mayores de edad. Por su parte el Reglamento en el desarrollo de la Ley establece que deben garantizarse al menor detenido no solo su custodia en dependencias adecuadas, sino también su alimentación, vestimenta y condiciones de intimidad, seguridad y sanidad adecuadas.
La custodia de los menores detenidos corresponde a las Fuerzas y Cuerpos de Seguridad competentes hasta que el Fiscal resuelva sobre la libertad del menor, el desistimiento o la incoación del expediente con puesta a disposición del Juez.

Regulación normativa: artículo 17.3 LORPM; artículo 3.3 y 4 RLORPM.

D

DAÑO

La comisión de un hecho que provoca daños en bienes ajenos genera el deber de repararlos o de indemnizar por ellos.

La reparación del daño se traduce en la obligación de dar, hacer o no hacer que determine el Juez en función de la naturaleza del daño, de las condiciones personales y patrimoniales del culpable, lo que implicará que esas obligaciones hayan de ser cumplidas por él o ejecutadas a su costa.
La cuantía de la indemnización por daños materiales y morales, que comprende no solo los que se hayan causado al perjudicado, sino también a sus familiares y terceros, la determinará el Juez motivando en su decisión las bases en las que la hayan fundamentado. En todo caso, el Juez debe valorar el daño emergente, el lucro cesante, los costes de oportunidad, por un lado, y los daños morales, por otro (*Vid.* Responsabilidad civil; Reparación del daño causado).

Regulación normativa: artículos 61 y 62 LORPM; artículos 110 a 115 CP.

Jurisprudencia: SAP de Córdoba de 20 de febrero de 2002; SAP de Badajoz 42/2005, de 25 de enero (*Tol 654697*); SAP de Alicante 340/2006, de 26 de junio (*Tol 1029804*).

DATOS

Los datos de carácter personal de los menores a los que se les aplique la LORPM solo podrán ser recogidos, cedidos y tratados en ficheros informáticos de titularidad pública dependientes de las entidades de protección de menores, Administraciones y Juzgados de Menores competentes o del Ministerio Fiscal y se regirá por lo dispuesto en la Ley Orgánica de Protección de Datos de carácter personal y sus normas de desarrollo.
Asimismo se contempla un deber de confidencialidad para quienes ejerciten la acción penal en el procedimiento. El incumplimiento de este deber implica la exacción de las responsabilidades civiles y penales a que haya lugar.
El legislador ha querido preservar a toda costa la intimidad de los menores sometidos a medidas de reforma. El legítimo interés de los menores a que no se divulguen datos relativos a su vida personal o

familiar, viene a erigirse, por mor de lo dispuesto en el artículo 20.4 CE, en límite infranqueable al ejercicio del derecho a comunicar libremente información veraz (*Vid.* Difusión de imágenes o datos).

Regulación normativa: artículos 35.2 y 48.3 LORPM; artículo 12 RLORPM; LOPD.

Jurisprudencia: STC 127/2003, de 30 de junio (*Tol 285457*); AAP de Ciudad Real 43/2005, de 7 de marzo (*Tol 596586*).

DEBERES DE LOS MENORES INTERNADOS

Los menores internados estarán obligados a: a) Permanecer en el centro a disposición de la autoridad judicial competente hasta el momento de su puesta en libertad, sin perjuicio de las salidas y actividades autorizadas que puedan realizar en el exterior. b) Recibir la enseñanza básica obligatoria que legalmente les corresponda. c) Respetar y cumplir las normas de funcionamiento interno del centro y las directrices o instrucciones que reciban del personal de aquel en el ejercicio legítimo de sus funciones. d) Colaborar en la consecución de una actividad ordenada en el interior del centro y mantener una actitud de respeto y consideración hacia todos, dentro y fuera del centro, en especial hacia las autoridades, los trabajadores del centro y los demás menores internados. e) Utilizar adecuadamente las instalaciones del centro y los medios materiales que se pongan a su disposición. f) Observar las normas higiénicas y sanitarias, y sobre vestuario y aseo personal establecidas en el centro. g) Realizar las prestaciones personales obligatorias previstas en las normas de funcionamiento interno del centro para mantener el buen orden y la limpieza del mismo. h) Participar en las actividades formativas, educativas y laborales establecidas en función de su situación personal a fin de preparar su vida en libertad.

Regulación normativa: artículo 57 LORPM.

DECLARACIÓN DEL MENOR

Aunque el Ministerio Fiscal está facultado para decidir sobre la pertinencia de practicar las diligencias propuestas por las partes, existe una diligencia que el Ministerio Fiscal no puede rechazar, la declaración del menor, de manera que cuando alguna de las partes proponga que se lleve a efecto la declaración del menor el Ministerio Fiscal deberá recibirla en el expediente salvo que ya hubiera concluido la instrucción y el expediente ya hubiera sido elevado al Juzgado de Menores.

Regulación normativa: artículo 26.2 LORPM.

Jurisprudencia: SAP de Madrid 30/2004, de 5 de febrero; AAP de Jaén de 10 de octubre de 2001 (*Tol 126794*); AAP de Valladolid de 25 de marzo de 2004; AAP de Sevilla de 11 de diciembre de 2006.

DEFENSAS DE GOMA

Es uno de los medios de contención previstos en el artículo 55 del RLROPM. Como el resto de medios de contención solo podrá utilizarse para evitar actos de violencia o lesiones de los menores a sí mismos o a otras personas, impedir actos de fuga, impedir daños en las instalaciones del centro o ante la resistencia activa o pasiva a las instrucciones del personal del centro en el ejercicio legítimo de su cargo. Su utilización deberá regirse por los principios de necesidad y proporcionalidad. Deberán estar depositadas en el lugar o lugares que el director del centro considere idóneos.

Regulación normativa: artículo 59.2 LORPM; artículo 55 RLORPM.

Jurisprudencia: STS de 10 de noviembre de 2006, Sala 3ª, Sección 6ª (*Tol 1018735*).

DEFENSOR DEL PUEBLO

El Defensor del Pueblo es aquella persona que defiende y protege los derechos fundamentales de los ciudadanos frente a la Administración.

En el ámbito de la justicia juvenil, el Defensor del Pueblo o institución análoga de la correspondiente Comunidad Autónoma es una de las personas que tiene acceso al expediente personal del menor dado el carácter reservado del mismo.

Asimismo los menores internados tienen derecho a comunicarse en local adecuado con el Defensor del Pueblo a quien los menores pueden dirigir peticiones o quejas.

El Defensor del Pueblo ejerce funciones de inspección de los centros.

Regulación normativa: artículo 48.2 LORPM; artículos 41.7, 57.2 y 58.1 RLORPM.

DELITO

El delito es toda acción u omisión castigada por la Ley. El delito es toda conducta humana, típica, antijurídica y culpable.

La accesoriedad del Derecho Penal de Menores respecto del Derecho Penal de adultos se muestra en la tipificación de las conductas o definición de las conductas desaprobadas ya que la LORPM no contiene tipificaciones penales independientes de los hechos punibles contemplados en general para los mayores de edad.

La LORPM no recoge un catálogo específico de infracciones típicamente juveniles sino que remite a la legislación penal general, por lo que las únicas conductas u omisiones respecto a las que va a poder exigirse responsabilidad penal a los menores son las establecidas como tales en el Código Penal y en las leyes penales especiales.

Regulación normativa: artículo 1 LORPM; artículo 10 CP.

DELITOS DE EXTREMA GRAVEDAD

La LORPM considera delitos de extrema gravedad los supuestos de delitos graves, de delitos menos graves cuando en su ejecución se haya empleado violencia o intimidación en las personas o se haya generado grave riesgo para la vida o la integridad física de las mismas, así como aquellos que se cometan en grupo o cuando el menor perteneciere o actuare al servicio de una banda, organización o asociación, incluso de carácter transitorio, que se dedicare a la realización de tales actividades, en los casos en que, siendo cometidos por mayores de dieciséis años, se aprecie reincidencia (*Vid.* Extrema gravedad y reglas especiales de aplicación y duración de las medidas).

Regulación normativa: artículo 10.1.b) LORPM.

Jurisprudencia: SSAP Madrid, sec. 4ª, 118/2013, de 16 de septiembre (*Tol 4115236*) y 7/2014, de 17 de enero (*Tol 4117466*).

DELITOS DE MÁXIMA GRAVEDAD

Con esta expresión se refiere la FGE a los delitos tipificados en los artículos 138, 139, 179, 180 y 571 a 580 del Código Penal, así como a cualquier otro delito que tenga señalada en dicho Código o en las leyes penales especiales pena de prisión igual o superior a quince años, para los que la el artículo 10 de la LORPM prevé la imposición obligatoria de una medida de internamiento en régimen cerrado complementada, en su caso, por otra medida de libertad vigilada, cuya duración variará en función de que el autor sea mayor o menor de dieciséis años. En el caso de mayores de dicha edad, no podrá modificarse, suspenderse o sustituirse la media impuesta de internamiento hasta que haya transcurrido, al menos, la mitad de su duración (*Vid.* Reglas especiales de aplicación y duración de las medidas)

Regulación normativa: artículo 10.2. LORPM.

Jurisprudencia: STC 160/2012, de 20 de septiembre (*Tol 2509047*); ATS 1372/2013, de 30 de mayo (*Tol 4942148*); SSAP Barcelona, sec. 3ª, 517/2012, de 11 de junio (*Tol 2601143*), 892/2012, de 7 de noviembre (*Tol 2711647*).

DELITOS GRAVES

Son delitos graves las infracciones que la Ley castiga con pena grave. Cuando la pena, por su extensión, pueda incluirse a la vez entre delito grave y menos grave, el delito se considerará, en todo caso, como grave. Son penas graves la prisión permanente revisable, la prisión superior a cinco años, la inhabilitación absoluta, las inhabilitaciones especiales por tiempo superior a cinco años, la suspensión de empleo o cargo público por tiempo superior a cinco años, la privación del derecho a conducir vehículos a motor y ciclomotores por tiempo superior a ocho años, la privación del derecho a la tenencia y porte de armas por tiempo superior a ocho años, la privación del derecho a residir en determinados lugares o acudir a ellos, por tiempo superior a cinco años, la prohibición de aproximarse a la víctima o a aquellos de sus familiares u otras personas que determine el Juez o tribunal, por tiempo superior a cinco años, la prohibición de comunicarse con la víctima o con aquellos de sus familiares u otras personas que determine el Juez o tribunal, por tiempo superior a cinco años y la privación de la patria potestad.
En el ámbito de la jurisdicción de menores el carácter grave del delito determina la posibilidad de imponer una medida de internamiento en régimen cerrado, conforme establece el artículo 9.2 LORPM.

Regulación normativa: artículos 13.1, 13.4 y 33.2 CP; artículo 9.2 LORPM.

DELITOS LEVES

Son delitos leves las infracciones que la ley castiga con pena leve. Cuando la pena, por su extensión, pueda considerarse como leve y como menos grave, el delito se considerará, en todo caso, como leve.

Son penas leves la privación del derecho a conducir vehículos a motor y ciclomotores de tres meses a un año, la privación del derecho a la tenencia y porte de armas de tres meses a un año, la inhabilitación especial para el ejercicio de profesión, oficio o comercio que tenga relación con los animales y para la tenencia de animales de tres meses a un año, la privación del derecho a residir en determinados lugares o acudir a ellos, por tiempo inferior a seis meses, la prohibición de aproximarse a la víctima o a aquellos de sus familiares u otras personas que determine el Juez o tribunal, por tiempo de un mes a menos de seis meses, la prohibición de comunicarse con la víctima o con aquellos de sus familiares u otras personas que determine el Juez o tribunal, por tiempo de un mes a menos de seis meses, la multa de hasta tres meses, la localización permanente de un día a tres meses y los trabajos en beneficio de la comunidad de uno a treinta días.

Regulación normativa: artículos 13.3, 13.4 y 33.4 CP; artículo 9 LORPM.

DELITOS MENOS GRAVES

Son delitos menos graves las infracciones que la Ley castiga con pena menos grave. Cuando la pena, por su extensión, pueda considerarse como leve y como menos grave, el delito se considerará, en todo caso, como leve.
Son penas menos graves la prisión de tres meses hasta cinco años, las inhabilitaciones especiales hasta cinco años, la suspensión de empleo o cargo público hasta cinco años, la privación del derecho a conducir vehículos a motor y ciclomotores de un año y un día a ocho años, la privación del derecho a la tenencia y porte de armas de un año y un día a ocho años, la inhabilitación especial para el ejercicio de profesión, oficio o comercio que tenga relación con los animales y para la tenencia de animales de un año y un día a cinco años, la privación del derecho a residir en determinados lugares o acudir a ellos, por tiempo de seis meses a cinco años, la prohibición de aproximarse a la víctima o a aquellos de sus familiares u otras personas que determine

el Juez o tribunal, por tiempo de seis meses a cinco años, la prohibición de comunicarse con la víctima o con aquellos de sus familiares u otras personas que determine el Juez o tribunal, por tiempo de seis meses a cinco años, la multa de más de tres meses, la multa proporcional, cualquiera que fuese su cuantía, salvo en el caso de multas aplicables a las personas jurídicas que tendrán la consideración de penas graves, y los trabajos en beneficio de la comunidad de treinta y un días a un año.

En el ámbito de la jurisdicción de menores el carácter menos grave del delito determina la posibilidad de imponer una medida de internamiento en régimen cerrado cuando en su ejecución se haya empleado violencia o intimidación en las personas o se haya generado grave riesgo para la vida o la integridad física de las mismas, así como aquellos que se cometan en grupo o cuando el menor perteneciere o actuare al servicio de una banda, organización o asociación, incluso de carácter transitorio, que se dedicare a la realización de tales actividades, conforme establece el artículo 9.2 LORPM.

Regulación normativa: artículos 13.2, 13.4 y 33.3 CP; artículo 9.2 LORPM.

DENUNCIA

Cuando un sujeto tenga noticia de algún delito cometido por un menor deberá ponerlo en conocimiento del Ministerio Fiscal. Al deber de denuncia es aplicable el régimen previsto en la LECrim respecto a la no obligación de denunciar de determinadas personas: los impúberes, los que no gozan del pleno uso de su razón por tener alguna incapacidad psíquica, el cónyuge del delincuente no separado legalmente o de hecho o la persona que conviva con él en análoga relación de afectividad, los ascendientes y descendientes del delincuente y sus parientes colaterales hasta el segundo grado inclusive y cuando se hayan conocido los hechos como consecuencia de relaciones profesionales o confesionales.

El Ministerio Fiscal puede admitir o no a trámite la denuncia, según que los hechos sean o no indiciariamente constitutivos de delito.
La *notitia criminis* que origina la apertura de las diligencias puede llegarle al Ministerio Fiscal por atestado policial, por oficio de remisión de actuaciones administrativas en que se haya detectado la presunta infracción criminal, por denuncia de particular o por notoriedad misma del hecho si ha sido difundido por los medios de comunicación social.
Si la LECrim establece el principio de oficialidad en la persecución penal, en el ámbito de la justicia de menores, se permite al Ministerio Fiscal una discrecionalidad que no le es posible al Juez o funcionario que recibe una denuncia en el ámbito de los mayores.

Regulación normativa: artículo 16.2 LORPM; artículos 260, 261 y 263 LECrim.

DERECHO SUPLETORIO

En coherencia con el carácter penal y procesal de la LORPM, la propia Ley establece la supletoriedad, por un lado, de la legislación penal sustantiva y, por otro, en lo que se refiere a los aspectos procesales, a las normas establecidas para el procedimiento abreviado en la Ley de Enjuiciamiento Criminal.

Regulación normativa: Disposición Final Primera LORPM.

DERECHOS DE LAS PERSONAS A LAS QUE SE APLIQUE LA LEY ORGÁNICA REGULADORA DE LA RESPONSABILIDAD PENAL DE LOS MENORES

Las personas a las que se aplique la LORPM gozarán de todos los derechos reconocidos en la Constitución y en el ordenamiento jurídico, particularmente en la Ley Orgánica 1/1996, de 15 de enero, de Protección Jurídica de Menor, así como en la Convención sobre los

Derechos del Niño de 20 de noviembre de 1989 y en todas aquellas normas sobre protección de menores contenidas en los Tratados válidamente celebrados por España.

Regulación normativa: artículo 1.2 LORPM.

DERECHOS DE LAS VÍCTIMAS Y DE LOS PERJUDICADOS

El Ministerio Fiscal y el Juez de Menores velarán en todo momento por la protección de los derechos de las víctimas y de los perjudicados por las infracciones cometidas por los menores, a quienes de manera inmediata se les instruirá de las medidas de asistencia a las víctimas que prevé la legislación vigente.

Las víctimas y los perjudicados tendrán derecho a personarse y ser parte en el expediente que se incoe al efecto, para lo cual el secretario judicial les informará en los términos previstos en los artículos 109 y 110 de la LECrim, instruyéndoles de su derecho a nombrar abogado o instar el nombramiento de abogado de oficio en caso de ser titulares del derecho a la asistencia jurídica gratuita. Asimismo, les informará de que, de no personarse en el expediente y no hacer renuncia ni reserva de acciones civiles, el Ministerio Fiscal las ejercitará si correspondiere. Los que se personaren podrán desde entonces tomar conocimiento de lo actuado e instar la práctica de diligencias y cuanto a su derecho convenga.

Además el secretario judicial deberá comunicar a las víctimas y perjudicados, se hayan o no personado, todas aquellas resoluciones que se adopten tanto por el Ministerio Fiscal como por el Juez de Menores, que puedan afectar a sus intereses. En especial, cuando el Ministerio Fiscal, en aplicación de lo dispuesto en el artículo 18 de la LORPM, desista de la incoación del expediente deberá inmediatamente ponerlo en su conocimiento haciéndoles saber su derecho a ejercitar las acciones civiles que les asisten ante la jurisdicción civil.

También el secretario judicial notificará por escrito la sentencia que se dicte a las víctimas y perjudicados por la infracción penal, aunque no se hayan mostrado parte en el expediente.

Regulación normativa: artículo 4 LORPM.

DERECHOS DE LOS MENORES DURANTE LA EJECUCIÓN DE LAS MEDIDAS

Los menores y los jóvenes gozarán durante la ejecución de las medidas de los derechos y libertades que a todos reconocen la Constitución, los tratados internacionales ratificados por España y el resto del ordenamiento jurídico vigente, a excepción de los que se encuentren expresamente limitados por la ley, el contenido del fallo condenatorio o el sentido de la medida impuesta.

Regulación normativa: artículo 7 RLORPM.

DERECHOS DEL MENOR DESDE EL MOMENTO DE SU DETENCIÓN

La detención de un menor debe realizarse en la forma menos perjudicial para el mismo. Asimismo el menor debe ser informado de forma inmediata, clara y comprensible de los hechos que se le imputan, de las razones de su detención y de sus derechos.
En su detención el menor tiene derecho a:

- Guardar silencio.
- No declarar contra sí mismo y a no confesarse culpable.
- Designar abogado y a solicitar su presencia para que asista a las diligencias procesales y judiciales de declaración e intervenga en todo reconocimiento de identidad de que sea objeto.
- Que se ponga en conocimiento del familiar o persona que desee el hecho de la detención y del lugar de custodia en que se halle en cada momento.

- Ser asistido gratuitamente por un intérprete, cuando se trate de menores extranjeros que no comprendan o no hablen el castellano.
- Ser reconocido por el médico forense u otro en su defecto.

Regulación normativa: artículos 1.2, 17.1 y 2 LORPM; artículos 2 y 3 RLORPM.

Jurisprudencia: SAP de Valencia 174/2005, de 13 de mayo (*Tol 693564*).

DERECHOS DEL MENOR DURANTE EL INTERNAMIENTO

Los menores gozan de todos los derechos consagrados en la Constitución española, en los tratados internacionales ratificados por España y en el resto del ordenamiento jurídico vigente, a excepción de los que se encuentren expresamente limitados por la Ley, el contenido del fallo o el sentido de la medida impuesta.

Los menores internados tienen derecho a que la entidad pública de la que depende el centro vele por su vida, su integridad física y su salud y a no ser sometidos, en ningún caso, a tratos degradantes o a malos tratos de palabra o de obra, ni ser objeto de un rigor arbitrario o innecesario en la aplicación de las normas; a que se preserve su dignidad y su intimidad, a ser designados por su propio nombre y a que su condición de internado sea estrictamente reservada frente a terceros; derecho a recibir una educación y formación integral en todos los ámbitos y a la protección específica que por su condición le dispensan las leyes; al ejercicio de los derechos civiles, políticos, sociales, religiosos, económicos y culturales; derecho a una formación laboral adecuada, a un trabajo remunerado, dentro de la disponibilidad de la entidad pública, y a las prestaciones sociales que pudieran corresponderles, cuando alcancen la edad legalmente establecida; derecho a estar en el centro de internamiento más cercano a su domicilio; derecho a un programa de tratamiento individualizado y a la participación en las actividades del centro; derecho a visitas y a la comunicación, tanto con padres, representantes legales, fa-

miliares u otras personas, como sus abogados, el Juez de Menores o el Ministerio Fiscal o los servicios de inspección de los centros; derecho a recibir información personal y actualizada de sus derechos y obligaciones, de su situación personal y judicial, de las normas de funcionamiento interno del centro así como de los procedimientos concretos para hacer efectos tales derechos, en especial para formular peticiones y quejas a la Dirección del centro, a la entidad pública, a las autoridades judiciales, al Ministerio Fiscal, al Defensor del Pueblo o institución análoga de su Comunidad Autónoma y a presentar todos los recursos legales que prevé la Ley.
Las menores internadas tienen derecho a tener en su compañía a los hijos menores de tres años.

Regulación normativa: artículo 56 LORPM; artículos 7, 31, 34, 35, 37, 39, 41 y 53 RLORPM.

DERECHOS DEL MENOR EN LA INCOACIÓN DEL EXPEDIENTE

En la incoación del expediente el menor tiene derecho a designar abogado que le defienda, o a que le sea designado uno de oficio y a entrevistarse reservadamente con él; a intervenir en las diligencias que se practiquen durante la investigación preliminar y en el proceso judicial y a proponer y solicitar, respectivamente, la práctica de diligencias; a ser oído por el Juez o Tribunal antes de adoptar cualquier resolución que le concierna personalmente; a la asistencia afectiva y psicológica y a la asistencia de los servicios del equipo técnico adscrito al Juzgado de Menores.

Regulación normativa: artículo 22.1 LORPM; artículo 4.1 RLORPM.

Jurisprudencia: STC 128/1993, de 19 de abril (*Tol 82151*); SAP de Madrid 220/2004, de 30 de noviembre (*Tol 745229*); AAP de Madrid 140/2004, de 22 de octubre (*Tol 745291*).

DESIGNACIÓN DE CENTRO

La designación de centro es el paso previo para el inicio de la ejecución de una medida de internamiento o de permanencia de fin de semana en centro.

Su designación corresponde a la entidad pública de reforma en cuyo territorio se encuentre el Juzgado que ha acordado la medida.

Ni la LORPM ni su Reglamento establecen un plazo concreto para la designación de centro, limitándose a decir que se hará de forma inmediata.

La designación deberá ser comunicada al Juzgado de Menores para que ordene el ingreso en el centro designado si no estuviera ya ingresado cautelarmente.

Deberá designarse el centro más adecuado de entre los más cercanos al domicilio del menor en los que existan plazas disponibles correspondientes al régimen o tipo de internamiento impuesto, requiriéndose aprobación judicial cuando se proponga el ingreso 1) en interés del menor, en un centro de la propia Comunidad Autónoma que se encuentre alejado de su domicilio y de su entorno social y familiar, aun existiendo plaza en un centro más cercano adecuada al régimen o al tipo de internamiento impuesto; 2) en un centro sociosanitario; 3) en un centro de otra Comunidad Autónoma, algo que puede hacerse cuando a) se acredite que el domicilio del menor o el de sus representantes legales se encuentra en otra Comunidad, b) exista acuerdo de colaboración entre Comunidades y el traslado se fundamente en interés del menor de alejarlo de su entorno familiar y social durante el tiempo en que subsista dicho interés y c) por razones temporales de plena ocupación de los centros o por otras causas, se carezca de plaza disponible adecuada al régimen o al tipo de internamiento impuesto y se disponga de plaza en otra Comunidad con la que haya establecido el correspondiente acuerdo de colaboración, mientras se mantenga dicha situación.

La LORPM permite que las medidas de internamiento puedan ejecutarse en centros socio-sanitarios cuando la medida impuesta así lo requiera y previa autorización del Juez de Menores (artículo 54.2).
El RLORPM ha previsto que cuando la entidad pública entienda que las características personales del menor y la evolución de la medida de internamiento en régimen abierto lo aconsejan, podrá proponer al Juzgado de Menores que aquella continúe en viviendas o instituciones de carácter familiar ubicadas fuera del recinto del centro, bajo el control de dicha entidad.
En la designación de centro debe tenerse presente la previsión final del artículo 46.3 de la LORPM que establece que los menores pertenecientes a una banda, organización o asociación no podrán cumplir la medida impuesta en el mismo centro, debiendo designárseles uno distinto aunque la elección del mismo suponga alejamiento del entorno familiar o social.

Regulación normativa: artículos 46, 54.2 y 56.2.e) LORPM; artículos 10.1.1ª y 2ª, 26.4 y 35 RLORPM.

Jurisprudencia: STC 138/1986, de 7 de noviembre (*Tol 79684*); STS de 5 de diciembre de 1986 (*Tol 2323091*). SSTCJ de 15 de octubre de 2002 (*Tol 4972827*), de 22 de diciembre de 2006 (*Tol 4981153*), de 25 de junio de 2007, de 26 de junio de 2007, de 27 de junio de 2007 y de 7 de noviembre de 2007.

DESIGNACIÓN DE PROFESIONAL

La designación de un profesional que se responsabilice de la ejecución de la medida es el paso previo para el inicio de la ejecución de una medida de medio abierto.
Su designación corresponde a la entidad pública de reforma en cuyo territorio se encuentre el Juzgado que ha acordado la medida, si bien el número 2 del artículo 9 del RLORPM prevé que dicha designación sea realizada por la entidad pública de reforma del lugar en que resida el menor, cuando éste resida en una Comunidad Autónoma

diferente de aquella donde se encuentre el Juzgado que acordó la medida.
La designación deberá hacerse de forma inmediata y, en todo caso, en el plazo máximo de cinco días y deberá ser comunicada al Juzgado de Menores.
El profesional designado deberá elaborar el programa individual de ejecución en los veinte días siguientes a su designación o, en el caso de la medida de libertad vigilada, en el plazo de veinte días desde el inicio de la medida.

Regulación normativa: artículo 46.3 LORPM; artículos 9.2, 10.1.3ª y 4ª, 16.2, 17.2, 18.1 y 2, 19.3, 20.7, 8 y 9 y 21.1 RLORPM.

DESISTIMIENTO DE LA INCOACIÓN DE EXPEDIENTE

El artículo 18 de la LORPM regula el desistimiento de la incoación del expediente por corrección en el ámbito educativo y familiar, estableciendo que el Ministerio Fiscal podrá desistir de la incoación del expediente cuando los hechos denunciados constituyan delitos menos graves sin violencia o intimidación en las personas o faltas, tipificados en el Código Penal o en las leyes penales especiales. En tal caso, el Ministerio Fiscal dará traslado de lo actuado a la entidad pública de protección de menores a fin de valorar la posible existencia de una situación de desprotección. También comunicará a los ofendidos o perjudicados conocidos el desistimiento acordado. No podrá acordarse el desistimiento cuando conste que el menor ha cometido con anterioridad otros hechos de la misma naturaleza.

Regulación normativa: artículo 18 LORPM.

Jurisprudencia: STC 146/2012, de 5 de julio (*Tol 2604718*).

DETENCIÓN

Es una medida de aseguramiento que consiste en privar de libertad a una persona por el tiempo estrictamente necesario para la realización de las averiguaciones tendentes al esclarecimiento de los hechos.

Conforme al artículo 17.1 de la CE toda persona tiene derecho a la libertad y a la seguridad, no pudiendo ser privado de su libertad, sino con la observancia de lo establecido en la propia Constitución y en los casos y la forma previstos en la ley.

La LORPM autoriza la detención de los menores, si bien establece un régimen específico del previsto con carácter general en la LECrim.

Las autoridades y funcionarios que intervengan en la detención de un menor deberán practicarla en la forma que menos perjudique a éste y estarán obligados a informarle, en un lenguaje claro y comprensible y de forma inmediata, de los hechos que se le imputan, de las razones de su detención y de los derechos que le asisten, especialmente los reconocidos en el artículo 520 de la LECrim, así como a garantizar el respeto de los mismos.

Igualmente deberán notificar inmediatamente el hecho de la detención y el lugar de la custodia a los representantes legales del menor y al Ministerio Fiscal. Si el menor detenido fuera extranjero, el hecho de la detención se notificará a las correspondientes autoridades consulares cuando el menor tuviera su residencia habitual fuera de España o cuando así lo solicitaran el propio menor o sus representantes legales.

Toda declaración del detenido, se llevará a cabo en presencia de su letrado y de aquéllos que ejerzan la patria potestad, tutela o guarda del menor —de hecho o de derecho—, salvo que, en este último caso, las circunstancias aconsejen lo contrario. En defecto de estos últimos la declaración se llevará a cabo en presencia del Ministerio Fiscal, representado por persona distinta del instructor del expediente.

El menor detenido tendrá derecho a la entrevista reservada con su abogado con anterioridad y al término de la práctica de la diligencia de toma de declaración.
Mientras dure la detención, los menores deberán hallarse custodiados en dependencias adecuadas y separadas de las que se utilicen para los mayores de edad.
La custodia de los menores detenidos corresponderá a las Fuerzas y Cuerpos de Seguridad competentes hasta que el Fiscal resuelva sobre la libertad del menor, el desistimiento o la incoación del expediente, con puesta a disposición del Juez.
En el caso de delitos de terrorismo, corresponde al Estado, en los establecimientos y con el control del personal especializado que ponga a disposición de la Audiencia Nacional, la ejecución de la detención preventiva que acuerde el Juzgado Central de Menores, sin perjuicio de los convenios que, en su caso, pueda establecer para dicha finalidad con las Comunidades Autónomas y las Ciudades de Ceuta y Melilla.
Los menores detenidos recibirán los cuidados, protección y asistencia social, psicológica, médica y física que requieran, habida cuenta de su edad, sexo y características individuales, correspondiendo a los equipos técnicos adscritos a los Juzgados de Menores prestar la atención profesional a los menores desde el momento de su detención. Durante la detención debe garantizarse que todo menor disponga de alimentación, vestimenta y condiciones de intimidad, seguridad y sanidad adecuadas.
La detención de un menor por funcionarios de policía no podrá durar más tiempo del estrictamente necesario para la realización de las averiguaciones tendentes al esclarecimiento de los hechos, y, en todo caso, dentro del plazo máximo de veinticuatro horas, el menor detenido deberá ser puesto en libertad o a disposición del Ministerio Fiscal.
Se aplicará, en su caso, lo dispuesto en el artículo 520 bis de la Ley de Enjuiciamiento Criminal (relativo a delitos cometidos por personas integradas o relacionadas con bandas armadas o individuos

terroristas o rebeldes) atribuyendo la competencia para las resoluciones judiciales previstas en dicho precepto al Juez de Menores.

Cuando se lleve a cabo la detención de un menor se podrá proceder a tomar reseña de sus impresiones dactilares, así como fotografías de su rostro, que se remitirán, como parte del atestado policial, al Ministerio Fiscal para la instrucción del expediente, y constarán en la base de datos de identificación personal.

El cacheo y aseguramiento físico de los menores detenidos se llevará a cabo en los casos en que sea estrictamente necesario y como medida proporcional de seguridad para el propio menor detenido y los funcionarios actuantes, cuando no sea posible otro medio de contención física del menor.

En los establecimientos de detención deberá llevarse un libro registro, de carácter confidencial, en el que al menos deberán constar datos relativos a la identidad del menor, circunstancias de la detención, motivos y en su caso autoridad que la ordenó, día y hora del ingreso, traslado o libertad, indicación de la persona o personas que custodian al menor, detalle de la notificación a los padres o representantes legales del menor y al Ministerio Fiscal de la detención del menor, expresión de las circunstancias psicofísicas del menor y constatación de que se le ha informado de las circunstancias de la detención y de sus derechos. Los datos de dicho registro estarán exclusivamente a disposición del Ministerio Fiscal y de la autoridad judicial competente. Este libro registro será único para todo lo concerniente a la detención del menor, y no se consignará ninguno de sus datos en ningún otro libro de la dependencia.

Cuando el detenido sea puesto a disposición del Ministerio Fiscal, éste habrá de resolver, dentro de las cuarenta y ocho horas a partir de la detención, sobre la puesta en libertad del menor, sobre el desistimiento o sobre la incoación del expediente, poniendo a aquel a disposición del Juez de Menores competente e instando del mismo las oportunas medidas cautelares, en su caso.

Regulación normativa: artículos 17 y 54 LORPM; artículos 2, 3 y 8.2 RLORPM; artículos 520 y 520 bis LECrim.

Jurisprudencia: STC 146/2012, de 5 de julio (*Tol 2604718*).

DETERMINACIÓN DE LA EDAD

La LORPM se aplica a mayores de catorce años y menores de dieciocho. La forma de acreditar la edad del menor y comprobar la identidad de su persona en el proceso se regula en el artículo 375 de la LECrim, a cuyo fin el Secretario judicial traerá al sumario certificación de su inscripción de nacimiento en el Registro civil o de su partida de bautismo, si no estuviere inscrito en el Registro. Cuando no fuere posible averiguar el Registro civil o parroquia en que deba constar el nacimiento o el bautismo del procesado, o no existiesen su inscripción y partida; y cuando por manifestar el procesado haber nacido en punto lejano hubiere necesidad de emplear mucho tiempo en traer a la causa la certificación oportuna, no se detendrá el sumario, y se suplirá el documento del artículo anterior por informes que acerca de la edad del procesado, y previo su examen físico, dieren los Médicos forenses o los nombrados por el Juez. La determinación de la edad suele ser un problema habitual en el caso de menores extranjeros no acompañados, a cuyo fin el artículo 35.3 de la LODELEX señala que en los supuestos en que los Cuerpos y Fuerzas de Seguridad del Estado localicen a un extranjero indocumentado cuya minoría de edad no pueda ser establecida con seguridad, se le dará, por los servicios competentes de protección de menores, la atención inmediata que precise, de acuerdo con lo establecido en la legislación de protección jurídica del menor, poniéndose el hecho en conocimiento inmediato del Ministerio Fiscal, que dispondrá la determinación de su edad, para lo que colaborarán las instituciones sanitarias oportunas que, con carácter prioritario, realizarán las pruebas necesarias. La regulación se desarrolla en el artículo 190 del Real Decreto 557/2011, de 20 de abril, por el que se aprueba el Reglamento de la LODELEX.

Regulación normativa: artículo 1 LORPM; artículo 375 LECrim; artículo 35.3 LODELEX.

Jurisprudencia: AAN de 2 de noviembre de 2009 (*Tol 5332159*).

Fiscalía General del Estado: Circular 2/2006, de 27 de julio, sobre diversos aspectos relativos al régimen de los extranjeros en España (apartado IV punto XI de las conclusiones). Consulta 1/2009, de 10 de noviembre de 2009, de la FGE, sobre algunos aspectos relativos a los expedientes de determinación de la edad de los menores extranjeros no acompañados.

DETERMINACIÓN DE LAS MEDIDAS

Vid. Principio acusatorio, régimen general de aplicación y duración de las medidas, reglas especiales de aplicación y duración de las medidas y pluralidad de infracciones.

DIFUSIÓN DE IMÁGENES O DATOS

La Constitución Española establece como una de las garantías del proceso el principio de publicidad pero el mismo texto constitucional regula la posibilidad de que se pueda excepcionar la publicidad en las leyes de procedimiento, tal y como ocurre en la justicia penal juvenil.

En el ámbito de la justicia de menores la difusión de imágenes o datos no está permitida. En interés de la persona imputada o de la víctima el Juez puede acordar que las sesiones no sean públicas y en ningún caso permitirá que los medios de comunicación social obtengan o difundan imágenes del menor, ni datos que permitan su identificación.

Como ha señalado la FGE, la difusión a través de los medios de comunicación de la imagen o identidad del menor infractor trae consigo el riesgo del etiquetaje del mismo como delincuente, con los devastadores efectos derivados de la estigmatización y con la correlativa puesta en peligro del objetivo de la reinserción (*Vid.* Datos).

Regulación normativa: artículos 24.2 y 120.1 CE; artículo 35.2 LORPM.

Jurisprudencia: STEDH de 16 de diciembre de 1999; STC 36/1991, de 14 de febrero (*Tol 80450*); SAN de 9 de octubre de 2009 (*Tol 1726270*); SAP de Cádiz de 5 de junio de 2001 (*Tol 126537*), "Caso de las niñas de San Fernando".

DINERO

Si la normativa lo autoriza el menor puede conservar en su poder dinero de curso legal en cuantía que no supere lo establecido en la normativa de régimen interno del centro.

Regulación normativa: artículo 30.2.c) y d) RLORPM.

DISCAPACIDAD

Las personas con discapacidad deben ser objeto de una protección penal reforzada en atención a su especial vulnerabilidad. La reforma penal de 2015 actualiza y ofrece una definición más precisa de las personas que constituyen objeto de una especial protección penal y sustituye el término "incapaz" por el de "persona con discapacidad necesitada de especial protección".

Por discapacidad se entiende aquella situación en que se encuentra una persona con deficiencias físicas, mentales, intelectuales o sensoriales de carácter permanente que, al interactuar con diversas barreras, puedan limitar o impedir su participación plena y efectiva en la sociedad, en igualdad de condiciones con las demás.

Por persona con discapacidad necesitada de especial protección se refiere el Código penal a aquella persona con discapacidad que, tenga o no judicialmente modificada su capacidad de obrar, requiera de asistencia o apoyo para el ejercicio de su capacidad jurídica y para la toma de decisiones respecto de su persona, de sus derechos o intereses a causa de sus deficiencias intelectuales o mentales de carácter permanente.

Regulación normativa: artículo 25 CP.

DOLO

En Derecho Penal el dolo supone conocimiento y voluntad de realizar el hecho injusto. Se actúa dolosamente cuando se conoce lo que se está haciendo y además, se quiere hacer.
En el Derecho Penal Juvenil, en el caso de delitos graves dolosos se puede imponer cualquier medida, incluyendo todas las modalidades de internamiento con un máximo de dos años. En el caso de delitos menos graves dolosos la diferencia esencial es que en éstos nunca se pueden imponer medidas de internamiento en régimen cerrado salvo que concurran determinados requisitos como el empleo de violencia o intimidación en las personas, los hechos se comentan en grupo, etc.

Regulación normativa: artículo 9.2 LORPM.

DOMICILIO DURANTE LAS SALIDAS Y PERMISOS

Los menores de edad deberán estar bajo la responsabilidad de sus padres o representantes legales o de las personas que estos autoricen durante las salidas y permisos que se hagan en su compañía, designando un domicilio a efectos de comunicaciones.
Cuando el menor esté bajo la tutela de la entidad pública de protección de menores, será competencia de dicha entidad determinar las personas o instituciones con las que estará el menor durante los permisos y salidas autorizadas, designándose igualmente un domicilio.
Si los padres o representantes legales del menor no estuviesen localizables, se negasen a acogerlos durante las salidas y permisos, o si el

menor se negase a estar en su compañía o en la de las personas que aquellos determinen, el Juez de Menores competente podrá autorizar el permiso o la salida con otras personas o instituciones conforme prevé el artículo 44 de la LORPM.
Los menores que disfruten de salidas o permisos indicarán un domicilio a efectos de poder ser localizados en caso necesario.

Regulación normativa: artículo 44 LORPM; artículo 51 RLORPM.

DROGAS

Las drogas tóxicas, estupefacientes y las sustancias psicotrópicas se consideran objetos o sustancias prohibidas. Si a un menor internado se le encuentran drogas tóxicas, estupefacientes o sustancias psicotrópicas las mismas se pondrán a disposición de la Fiscalía o del Juzgado competente.

Regulación normativa: artículo 30.2.d) RLORPM.

DURACIÓN DE LAS MEDIDAS

Vid. Principio acusatorio, régimen general de aplicación y duración de las medidas, reglas especiales de aplicación y duración de las medidas y pluralidad de infracciones.

E

EDAD

La LORPM se aplica para exigir la responsabilidad de las personas mayores de catorce años y menores de dieciocho por la comisión de hechos tipificados en el Código Penal o las leyes penales especiales. Las edades indicadas se han de entender siempre referidas al momento de la comisión de los hechos, sin que el haberse rebasado las mismas antes del comienzo del procedimiento o durante la tramitación del mismo tenga incidencia alguna sobre la competencia atribuida a los Jueces y Fiscales de Menores. Una vez impuesta una medida, aunque alcanzase la mayoría de edad, el menor continuará el cumplimiento de la medida hasta alcanzar los objetivos propuestos en la sentencia en que se le impuso o, en su caso, se acuerde el pase al sistema penitenciario.

El artículo 315 del CC establece que para el cómputo de los años para la mayoría de edad se incluirá completo el día del nacimiento, criterio este que no es asumido por doctrina y jurisprudencia que opinan que la edad se ha de fijar de momento a momento, tomando en cuenta el del nacimiento y en caso de que no conste la hora habrá de entenderse que aquél tuvo lugar al final del día, con base al principio in dubio pro reo (*Vid.* Ámbito objetivo de aplicación, ámbito subjetivo de aplicación, determinación de la edad y mayoría de edad del condenado).

Regulación normativa: artículos 1, 5.3 y 14 LORPM; artículo 8.5 RLORPM; artículo 315 CC.

Jurisprudencia: SSTS de 14 de enero de 1988 (*Tol 2351427*), de 24 de septiembre de 1992 (*Tol 398544*) y de 26 de mayo de 1999 (*Tol 14317*).

EJECUCIÓN DE VARIAS MEDIDAS

Cuando un menor deba cumplir varias medidas, su ejecución se llevará a cabo teniendo en cuenta lo acordado por el Juez. Si concurren varias medidas impuestas en el mismo o en diferentes procedimientos, se cumplirán simultáneamente las siguientes: a) las medidas no privativas de libertad cuando concurran con otras medidas no privativas de libertad diferentes; b) la medida de permanencia de fin de semana cuando concurra con otra medida no privativa de libertad; c) la amonestación, la privación del permiso de conducir ciclomotores o vehículos a motor, o del derecho a obtenerlo, o de las licencias administrativas para caza o para uso de cualquier tipo de armas y la inhabilitación absoluta, cuando concurran con otra medida diferente.

El segundo período de las medidas de internamiento, acordado en la sentencia en régimen de libertad vigilada, se cumplirá inmediatamente después de finalizado el primer período de internamiento en centro. No obstante, cuando existan otras medidas o penas privativas de libertad, su cumplimiento se regirá por lo previsto en los apartados 2 y 3 del artículo 47 de la LORPM.

De igual forma, la medida de libertad vigilada sucesiva a la de internamiento prevista en los artículos 10.1.b) y 10.2 de la LORPM, habrá de ejecutarse una vez finalizada la de internamiento en régimen cerrado, salvo que concurra con otras medidas o penas privativas de libertad; en tal caso, será de aplicación lo dispuesto en los apartados 2 y 3 del artículo 47 de la LORPM.

Cuando concurran varias medidas de internamiento, definitivas o cautelares, de diferente régimen, se cumplirá antes la de régimen más restringido y, en su caso, se interrumpirá la de régimen menos restringido que se estuviera ejecutando, salvo que el Juez de Menores haya dispuesto otro orden.

La ejecución de las medidas impuestas por el Juez Central de Menores o por la sala correspondiente de la Audiencia Nacional será preferente sobre las impuestas por otros jueces o salas de menores.

En los casos en que al menor se le hayan impuesto varias medidas de internamiento y se haya acordado por el Juez de Menores su acumulación en un único expediente de ejecución, el centro donde el menor sea ingresado elaborará un programa individualizado de ejecución que comprenda la totalidad de las medidas, así como un único informe final, sin perjuicio de los correspondientes informes de seguimiento que establece el artículo 13 del RLORPM.

Regulación normativa: artículos 12 y 47.1 LORPM; artículo 11 RLORPM.

EJECUCIÓN Y CUMPLIMIENTO DE LAS SANCIONES

Los acuerdos sancionadores no se harán efectivos en tanto no haya sido resuelto el recurso interpuesto, o en caso de que no se haya interpuesto, hasta que haya transcurrido el plazo para su impugnación. Durante la sustanciación del recurso, en el plazo de dos días, la entidad pública ejecutora de la medida podrá adoptar las decisiones precisas para restablecer el orden alterado de acuerdo con lo previsto en el artículo 60.7 de la LORPM.

Regulación normativa: artículo 60.7 LORPM; artículo 81 RLORPM.

ELECCIÓN DE MEDIDA

El principio de flexibilidad en la adopción y ejecución de las medidas aconsejadas por las circunstancias del caso concreto es uno de los principios que guían la LORPM, según dice su exposición de motivos. En consonancia con este principio general, el artículo 7.3 de la LORPM determina que para la elección de la medida o medidas adecuadas se deberá atender de modo flexible, no sólo a la prueba y valoración jurídica de los hechos, sino especialmente a la edad, las circunstancias familiares y sociales, la personalidad y el interés del menor, puestos de manifiesto los dos últimos en los informes de los equipos técnicos y de las entidades públicas de protección y reforma de menores cuando éstas hubieran tenido conocimiento del menor por haber ejecutado una medida cautelar o definitiva con anterioridad. El Juez deberá motivar en la sentencia las razones por las que aplica una determinada medida, así como el plazo de duración de la misma, a los efectos de la valoración del mencionado interés del menor.

A diferencia del CP que asocia a cada delito una pena concreta, la LORPM no lleva a cabo una identidad entre delito y medida a imponer, sino que el Juez de Menores elige la medida adecuada atendiendo a una serie de principios.

Sin embargo, y a pesar de este principio de flexibilidad, la elección de la medida por el Juez aparece condicionada en algunos casos: petición del Ministerio Fiscal y acusación particular (artículo 8.1), pena imponible si el autor fuera mayor de edad (artículo 8.2), hechos calificados como falta (artículo 9.1), acciones y omisiones imprudentes (artículo 9.4), concurrencia de circunstancias eximentes (artículo 9.5), hechos de extrema gravedad (artículo 10.1 in fine), delitos previstos en los artículos 138, 139, 179, 180, 571 a 580 del CP y aquellos otros sancionados con pena de prisión igual o superior a quince años (artículo 10.2) y pluralidad de infracciones (artículo 11). Además, el artículo 7.4 de la LORPM faculta al Juez para imponer al menor una o varias medidas de las previstas en la Ley con independencia de que se trate de uno o más hechos, sujetándose si procede a lo dispuesto en el artículo 11 para el enjuiciamiento conjunto de varias infracciones; pero, en ningún caso, podrá imponer a un menor en una misma resolución más de una medida de la misma clase, entendiendo por tal cada una de las que se enumeran en el apartado 1 del artículo 7.

Regulación normativa: artículos 7, apartados 3 y 4, 8, 9, apartados 1, 4 y 5, 10 y 11 LORPM.

Jurisprudencia: SAP La Coruña, sec. 2ª, 258/2012, de 8 de junio (*Tol 2616879*); SAP Valencia, sec. 5ª, 465/2012, de 18 de julio (*Tol 2684140*); SSAP Málaga, sec. 8ª, 91/2014, de 24 de marzo (*Tol 4440400*) y 165/2014, de 1 de abril (*Tol 4440485*); SAP Las Palmas, sec. 1ª, 193/2014, de 18 de julio (*Tol 4540179*); SSAP Sevilla, sec. 3ª, 215/2014, de 28 de abril (*Tol 4362382*) y 357/2014, de 29 de julio (*Tol 4563170*).

EMUME

Se trata de Grupos Especiales del Menor y la Mujer de la Guardia Civil que se crean en 1995 con el objeto de dar respuesta a los casos delictivos en los que se encuentran implicados mujeres y menores, tanto como víctimas como en calidad de autores de los mismos.

Corresponde a los Especialistas Mujer Menor de la Guardia Civil la investigación de los delitos cometidos contra estas personas así como aquellos en los que participan como autores, prestándoles una atención especializada durante la intervención policial, de forma inmediata, adaptada al tipo de delito y a sus circunstancias.
El personal de EMUME se despliega en Puntos de Atención Especializada (PAE) de las Unidades de Policía Judicial de la Guardia Civil que alcanzan todo el territorio nacional. Este despliegue se realiza a nivel Central, provincial y comarcal.

ENCARGOS

Los menores pueden enviar y recibir paquetes sin ningún tipo de limitación, salvo prohibición expresa del Juez. El contenido de los mismos es revisado en presencia del menor para comprobar que lo enviado pertenece legítimamente al menor y para evitar, en los que recibe, la entrada de objetos o sustancias prohibidas o en deficientes condiciones higiénicas.
La recepción de paquetes se lleva a cabo previa comprobación de la identidad de quien lo deposita.

Regulación normativa: artículo 44 RLORPM.

ENTIDAD PÚBLICA DE PROTECCIÓN Y/O REFORMA

Aunque a veces la LORPM parece referirse a ellas como sinónimos, sería preciso distinguir entre entidad pública de protección y entidad pública de reforma. La primera es el órgano de la Comunidad Autónoma que tiene atribuidas las competencias en materia de protección de menores y la segunda el órgano que tiene atribuidas las competencias en materia de reforma.
Dadas las competencias que corresponden a las Comunidades Autónomas en materia de organización pueden coincidir o no en el mismo órgano las funciones en materia de protección y reforma.

Tradicionalmente los sistemas de ejecución en el ámbito de la justicia juvenil han estado integrados dentro de los departamentos de servicios sociales, pues los campos protección y reforma de menores iban unidos. Poco a poco se han ido separando y esta separación se ha traducido en diferentes modelos organizativos dentro de las Comunidades Autónomas.

Regulación normativa: artículos 3, 7.1.h), 7.1.i), 10.4, 13.1, 14.2, 14.3, 18.1, 27.4, 28.1, 28.2, 30.4, 33., 35.1, 37.2, 40.1, 40.2.c), 41.1, 44.1, 44.2.h), 46.2, 46.3, 47.5.e), 48.1, 48.2, 49, 51.1, 51.3, 53, 56.2.a), 56.2.j), 56.2,k), 58,2, 60.7 y párrafos 3 y 4 DT única LORPM; artículos 5, 8 a 20, 25 a 29, 30, 32,34 a 42, 45 a 47, 51 a 58, 60, 81 y 85 RLORPM.

EQUIPO TÉCNICO

Los equipos técnicos son órganos multiprofesionales, compuestos por psicólogos, educadores y trabajadores sociales cuya función es asistir técnicamente en las materias propias de sus disciplinas profesionales a los Jueces de Menores y al Ministerio Fiscal. Además, prestan asistencia profesional al menor desde el momento de su detención y realizan funciones de mediación entre el menor y la víctima o perjudicado. Su composición no es cerrada y pueden incorporarse a ellos, de modo temporal o permanente, otros profesionales relacionados con las funciones que tienen atribuidas, cuando las necesidades planteadas lo requieran y así lo acuerde el órgano competente.
Orgánicamente dependen del Ministerio de Justicia o de las Comunidades Autónomas con competencias asumidas y están adscritos a los Juzgados de Menores. Funcionalmente, durante la instrucción del expediente, desempeñan las funciones establecidas en la LORPM bajo la dependencia funcional del Ministerio Fiscal y del Juez de Menores cuando lo ordene. Al margen de su dependencia orgánica y funcional, en el ejercicio de su actividad técnica actuarán con independencia y con sujeción a criterios estrictamente profesionales. La disposición final tercera de la LORPM establece como principios de actuación

los de independencia, imparcialidad y profesionalidad. La determinación del número de equipos técnicos necesarios, su composición y plantilla corresponde al Ministerio de Justicia y las Comunidades Autónomas con competencias asumidas, cada uno en sus respectivos ámbitos, atendiendo a las necesidades que presenten los Juzgados de Menores y Fiscalías, garantizando que cada Fiscal instructor cuente con los medios personales adecuados y suficientes para la emisión de los informes determinados por la ley y en los plazos establecidos.

Los informes deben ser firmados por los profesionales del equipo técnico que intervengan en cada caso y la representación del equipo la ostentará aquel que sea designado por el Ministerio Fiscal o el Juez de Menores en la actuación concreta de que se trate.

Al margen de las labores de mediación (artículos 19 LORPM y 5 RLORPM) y de asistencia a los menores desde el momento de su detención (artículo 4 RLORPM) y una vez incoado el expediente (artículo 22 LORPM), los equipos técnicos tienen atribuidas múltiples funciones. Así informará, preceptivamente sobre el contenido de los periodos en que se dividen las medidas de internamiento (artículo 7.2 LORPM), en los supuestos de modificación de la medida impuesta (artículo 13 LORPM) y sobre la situación psicológica, educativa y familiar del menor, sobre su entorno social y sobre cualquier otra circunstancia relevante, a solicitud del Ministerio Fiscal durante la instrucción del expediente (artículo 27 LORPM). Igualmente deberá ser oídos para determinar la medida en los casos de hechos tipificados como delito grave, o como delito menos grave, cuando en su ejecución se haya empleado violencia o intimidación en las personas o se haya generado grave riesgo para la vida o la integridad física de las mismas, o cuando se trate delitos cometidos en grupo o cuando el menor perteneciere o actuare al servicio de una banda, organización o asociación, incluso de carácter transitorio, que se dedicare a la realización de tales actividades (artículo. 10.1 LORPM), en los supuestos de pase al sistema penitenciario de mayores de 18 o 21 años (artículo 14 LORPM), en la adopción de medidas cautelares y para el abono de las medidas cautelares sufridas al cumplimiento de la medida impuesta (artículo 28), durante la audiencia para informar sobre las circunstancias del menor y sobre la procedencia de las medidas propuestas (artículo 37 LORPM), con carácter previo al acuerdo de suspensión de la ejecución del fallo, pudiendo recomendar la aplicación de un régimen de libertad vigilada o la obligación de realizar alguna actividad socioeducativa como condición de la suspensión (artículo 40 LORPM) y previamente a la adopción del acuerdo de sustitución de medidas (artículo 51 LORPM). Un representante asistirá a las comparecencias para la adopción de medidas cautelares de internamiento (artículo 28 LORPM), a las audiencias para el enjuiciamiento de los hechos (artículo 35 LORPM) y a la vistas en los recursos de apelación cuando el Tribunal lo considere oportuno (artículo 41 LORPM). A las anteriores funciones el RLORPM ha añadido la de ser oídos cuando se proponga la suspensión de comunicaciones porque perjudiquen o puedan perjudicar al menor por afectar negativamente a su derecho fundamental a la educación y al desarrollo integral de su personalidad (artículo 40.8 RLORPM).

Regulación normativa: artículos 7, 10, 13, 14, 19, 22, 27, 28, 35, 37, 40, 41, 50 y 51, DT única y DF 3ª; artículos 1, 4, 5 y 40 RLORPM.

Jurisprudencia: SSAP Málaga, sec. 8ª, 493/2010, de 21 de junio (*Tol 1975167*) y 7/2012, de 10 de enero (*Tol 2452925*); SAP Madrid, sec. 4ª, 126/2012, de 23 de julio (*Tol 2623397*); SAP Sevilla, sec. 3ª, 357/2014, de 29 de julio (*Tol 4563170*); AAP Huelva, sec. 3ª, 227/2010, de 23 de noviembre.

EVASIÓN

Vid. fuga del centro.

EXENCIÓN DE LA RESPONSABILIDAD

El artículo 5 LORPM excluye la responsabilidad en los supuestos de exención de la misma, es decir, no se aplicarán las medidas si en

el menor concurre alguna causa de exención de la responsabilidad, salvo en los supuestos en los que proceda una medida de seguridad específicamente prevista para los menores.
Para ello habrá que comprobar si concurren o no causas de justificación o circunstancias eximentes (*Vid.* Causas de justificación. Causas que eximen de la responsabilidad criminal).

Regulación normativa: artículo 5.1 LORPM; artículo 20 CP.

EXPEDIENTE JUDICIAL

Al igual que todo proceso penal, también el de menores consta de tres fases diferenciadas: la instrucción, la fase intermedia y la de juicio oral, si bien la LORPM les cambia la denominación: a la de instrucción la denomina "expediente", a la intermedia la designa como fase "de alegaciones" y el juicio oral es conocido como "audiencia".
La LORPM deja en manos del Ministerio Fiscal todas las actuaciones que no sean las de puro enjuiciamiento o la necesaria intervención judicial en garantía de derechos fundamentales del menor. Al Ministerio Fiscal le corresponde practicar la totalidad de los actos de instrucción dirigidos a investigar el hecho punible y la participación en el mismo del menor.
La incoación del expediente de reforma supone el inicio de la fase de instrucción en sentido estricto.
A solicitud del Ministerio Fiscal, del menor o de su familia o de quien ejercite la acción penal, el Juez de Menores puede decretar mediante auto motivado el secreto del expediente, en su totalidad o parcialmente, ya sea durante toda la instrucción o bien durante un período limitado de la misma.

Regulación normativa: artículos 16, 17.5, 18, 19, 20, 22 y 24 LORPM.

Jurisprudencia: SAP de Madrid 220/2004, de 30 de noviembre (*Tol 745227*).

EXPEDIENTE PERSONAL

La LORPM establece el deber de la entidad pública de reforma de abrir un expediente personal único a cada menor respecto del cual tenga encomendada la ejecución de una medida. En el expediente se recogerán los informes relativos al menor, las resoluciones judiciales que le afecten y el resto de la documentación generada durante la ejecución.

El expediente tendrá carácter reservado y solamente pueden tener acceso al mismo el Defensor del Pueblo o institución análoga de la correspondiente Comunidad Autónoma, los Jueces de Menores competentes, el Ministerio Fiscal y las personas que intervengan en la ejecución y estén autorizadas por la entidad pública, así como el menor, su letrado y, en su caso, su representante legal.

Regulación normativa: artículo 48 LORPM; artículo 12 RLORPM.

Jurisprudencia: SAP de Ciudad Real 20/2005, de 27 de julio (*Tol 794380*).

EXTINCIÓN AUTOMÁTICA DE SANCIONES

Cuando un menor ingrese nuevamente en un centro para la ejecución de otra medida, se extinguirán automáticamente la sanción o sanciones que hubiesen sido impuestas en un ingreso anterior y que hubiesen quedado incumplidas total o parcialmente. En caso de traslado de centro, el menor continuará el cumplimiento de las sanciones impuestas en el centro anterior, sin perjuicio de lo dispuesto en el anterior artículo.

Regulación normativa: artículo 83 RLORPM.

Jurisprudencia: STC 153/2015, de 6 de junio (*Tol 673516*).

EXTINCIÓN DE LA RESPONSABILIDAD

La responsabilidad penal tiene un final por elementales razones de seguridad jurídica o de imposibilidad de cumplimento.
A diferencia de las causas de exención, en las causas de extinción se afirma la realización del delito, pero se decide no castigar. Las causas de extinción de la responsabilidad penal que contempla el Código Penal son:

- La muerte del reo.
- El cumplimiento de la condena.
- La remisión definitiva de la pena.
- El indulto.
- El perdón del ofendido.
- La prescripción del delito.
- La prescripción de la pena.

La estimación de estas causas de extinción de la responsabilidad da lugar al sobreseimiento libre.
La LORPM contiene específicos supuestos de extinción de la responsabilidad:

- La prescripción del delito o falta.
- La prescripción de la medida.
- El desistimiento por corrección en el ámbito educativo y familiar.
- El sobreseimiento por conciliación o reparación entre el menor y la víctima.
- El sobreseimiento en interés del menor por estar suficientemente reprochado o inadecuación educativa de cualquier medida.

Regulación normativa: artículos 5.1, 15.1 y 2, 18, 19 y 27.4 LORPM; artículo 130 CP; artículos 637 y 666 LECrim.

EXTRANJERO

Cuando el menor detenido es extranjero, la detención se debe notificar a las correspondientes autoridades consulares en los casos en los que tenga su residencia habitual fuera de España o cuando lo solicite el propio menor o sus representantes legales. Asimismo el menor tiene derecho a ser asistido gratuitamente por un intérprete cuando no comprenda o no hable castellano.

Regulación normativa: artículo 17.1 LORPM; artículos 3.1 y 32.3 RLORPM.

EXTREMA GRAVEDAD

La extrema gravedad se debe apreciar en aquellos casos en los que un menor ha realizado un hecho especialmente grave del que cabe derivar o predecir con un alto grado de probabilidad un pronóstico desfavorable sobre el comportamiento futuro del menor.
La principal consecuencia de la calificación del hecho como de extrema gravedad es que el Juez de Menores no puede dejar de imponer al infractor de dieciséis o diecisiete años de edad una medida de internamiento en régimen cerrado mínima de un año sin que pueda ser modificada o sustituida. Además es obligatorio imponer una medida de libertad vigilada con asistencia educativa de hasta cinco años. Dicha medida no forma parte de la medida de internamiento, sino que es subsiguiente y complementaria de la misma.
Se considerara siempre y en todo caso supuestos de extrema gravedad los de reincidencia.

Regulación normativa: artículo 10.1.b) LORPM.

Jurisprudencia: STC 160/2012, de 20 de septiembre (*Tol 2663057*); STS 699/2012, de 24 de septiembre (*Tol 2662580*); SAP de Tarragona 554/2009, de 18 de diciembre (*Tol 1791977*); SAP de Barcelona 517/2012, de 11 de junio (*Tol 2609143*).

F

FACULTATIVO

En el caso de tratamiento ambulatorio el facultativo o especialista es el encargado de elaborar, tras examinar al menor, el programa de tratamiento que se adjunta al programa individualizado de ejecución de la medida que elabore el profesional designado por la entidad pública.
En el programa de tratamiento el facultativo establece las pautas sociosanitarias recomendadas, los controles que ha de seguir el menor y la periodicidad con la que ha de asistir al centro, servicio o institución designada, para su tratamiento, seguimiento y control.

Regulación normativa: artículo 7.1.e) LORPM; artículo 16.2 y 3 RLORPM.

FALTAS

Las faltas disciplinarias se clasifican en muy graves, graves y leves, atendiendo a la violencia desarrollada por el sujeto, su intencionalidad, la importancia del resultado y el número de personas ofendidas. El catálogo de las faltas disciplinarias está recogido en el Reglamento de la Ley Orgánica de Responsabilidad Penal de los Menores.

Regulación normativa: artículo 60.2 LORPM; artículos 61, 62, 63 y 64 RLORPM.

FALTAS DISCIPLINARIAS GRAVES

El catálogo de faltas disciplinarias graves aparece recogido en el RLORPM y son las siguientes: a) Agredir, amenazar o coaccionar de manera leve a cualquier persona dentro del centro. b) Agredir, amenazar o coaccionar de manera leve, fuera del centro, a otro menor internado, o a personal del centro o autoridad o agente de la autoridad, cuando el menor hubiese salido durante el internamiento.

c) Insultar o faltar gravemente al respeto a cualquier persona dentro del centro. d) Insultar o faltar gravemente al respeto, fuera del centro, a otro menor internado, o a personal del centro o autoridad o agente de la autoridad, cuando el menor hubiera salido durante el internamiento. e) No retornar al centro, sin causa justificada, el día y hora establecidos, después de una salida temporal autorizada. f) Desobedecer las órdenes e instrucciones recibidas del personal del centro en el ejercicio legítimo de sus funciones, o resistirse pasivamente a cumplirlas. g) Inutilizar deliberadamente las dependencias, materiales o efectos del centro, o las pertenencias de otras personas, causando daños y perjuicios inferiores a 300 euros. h) Causar daños de cuantía elevada por negligencia grave en la utilización de las dependencias, materiales o efectos del centro, o las pertenencias de otras personas. i) Introducir o poseer en el centro objetos o sustancias que estén prohibidas por la normativa de funcionamiento interno distintas de las contempladas en los párrafos g) y h) de las faltas muy graves. j) Hacer salir del centro objetos cuya salida no esté autorizada. k) Consumir en el centro sustancias que estén prohibidas por las normas de funcionamiento interno, distintas de las previstas en el párrafo g) de las faltas muy graves. l) Autolesionarse como medida reivindicativa o simular lesiones o enfermedades para evitar la realización de actividades obligatorias. m) Incumplir las condiciones y medidas de control establecidas en las salidas autorizadas.

Regulación normativa: artículo 60.2 LORPM; artículos 61 y 63 RLORPM.

Jurisprudencia: STS de 10 de noviembre de 2006, Sala 3ª, Sección 6ª (*Tol 1018735*).

FALTAS DISCIPLINARIAS LEVES

El catálogo de faltas disciplinarias leves aparece recogido en el RLORPM y son las siguientes: a) Faltar levemente al respeto a cualquier persona dentro del centro. b) Faltar levemente al respeto, fuera del centro, a otro menor internado, o a personal del centro o autoridad o agente de la autoridad, cuando el menor hubiera salido durante el internamiento. c) Hacer un uso abusivo y perjudicial en el centro de objetos y sustancias no prohibidas por las normas de funcionamiento interno. d) Causar daños y perjuicios de cuantía elevada a las dependencias materiales o efectos del centro o en las pertenencias de otras personas, por falta de cuidado o de diligencia en su utilización. e) Alterar el orden promoviendo altercados o riñas con compañeros de internamiento. f) Cualquier otra acción u omisión que implique incumplimiento de las normas de funcionamiento del centro y no tenga consideración de falta grave o muy grave.

Regulación normativa: artículo 60.2 LORPM; artículos 61 y 64 RLORPM.

Jurisprudencia: STS de 10 de noviembre de 2006, Sala 3ª, Sección 6ª (*Tol 1018735*).

FALTAS DISCIPLINARIAS MUY GRAVES

El catálogo de faltas disciplinarias muy graves aparece recogido en el RLORPM y son las siguientes: a) Agredir, amenazar o coaccionar de forma grave a cualquier persona dentro del centro. b) Agredir, amenazar o coaccionar de forma grave, fuera del centro, a otro menor internado o a personal del centro o autoridad o agente de la autoridad, cuando el menor hubiera salido durante el internamiento. c) Instigar o participar en motines, plantes o desórdenes colectivos. e) Intentar o consumar la evasión del interior del centro o cooperar con otros internos en su producción. f) Resistirse activa y gravemente al cumplimiento de órdenes recibidas del personal del centro en el ejercicio legítimo de sus atribuciones. g) Introducir, poseer o consumir en el centro drogas tóxicas, sustancias psicotrópicas o estupefacientes o bebidas alcohólicas. h) Introducir o poseer en el centro armas u objetos prohibidos por su peligro para las personas. i) Inutilizar deliberadamente las dependencias, materiales o efectos del centro o las pertenencias de otras personas, causando daños y

perjuicios superiores a 300 euros. j) Sustraer materiales o efectos del centro o pertenencias de otras personas.
A modo anecdótico indicar que en el catálogo hay un error que no ha sido corregido, pues de la letra c) se pasa de la e).

Regulación normativa: artículo 60.2 LORPM; artículos 61 y 62 RLORPM.

Jurisprudencia: STS de 10 de noviembre de 2006, Sala 3ª, Sección 6ª (*Tol 1018735*).

FASE DE AUDIENCIA

Una vez que el Ministerio Fiscal resuelve la conclusión del expediente finaliza la fase de instrucción con la remisión de todo el expediente y sus alegaciones al Juez de Menores. A partir de este momento, el Fiscal que conoce el asunto se sitúa en pie de igualdad con la posición de la parte acusada. Los siguientes trámites constituyen lo que se ha denominado la fase "intermedia" y que la LORPM identifica como "fase de audiencia".
Los trámites de la fase de audiencia son:
1.Recepción en el Juzgado de Menores del escrito de alegaciones, el expediente, las piezas de convicción, los efectos y demás elementos relevantes para el proceso, remitidos por el Ministerio Fiscal.
2. El Secretario del Juzgado de Menores es el encargado de incorporar todo el material a las diligencias.
3. El Juez de Menores procede a abrir el trámite de audiencia.
4. El Secretario Judicial da traslado simultáneamente a quienes ejerciten la acción penal y la civil para que formulen sus respectivos escritos de alegaciones y propongan las pruebas que consideren pertinentes durante un plazo de cinco días hábiles.
5. El Secretario Judicial, una vez que ha sido evacuado el trámite anterior, da traslado de todo lo actuado al letrado del menor y, en su caso, a los responsables civiles, para que formule a su vez escrito de alegaciones y proponga la prueba que considere pertinente en un plazo igualmente de cinco días hábiles.

El escrito de alegaciones del Ministerio Fiscal, el de las acusaciones y el del letrado de la defensa conforman con carácter provisorio los términos del debate y definen los elementos que deben ser tenidos en cuenta por el Juez de Menores para decidir acerca del desenlace de la fase intermedia:
1. La celebración de la audiencia.
2. El sobreseimiento, mediante auto motivado, de las actuaciones.
3. El archivo por sobreseimiento de las actuaciones.
4. La remisión de las actuaciones al Juez competente.
5. La práctica de las pruebas propuestas por las partes y que hubieran sido denegadas por Ministerio Fiscal durante la instrucción.

Regulación normativa: artículos 31 a 37 LORPM; artículos 650, 652 a 654, 781 a 784 LECrim.

Jurisprudencia: SAP de Toledo de 15 de enero de 1998; AAP de Jaén de 10 de octubre de 2001 (*Tol 126794*).

FICHERO INFORMÁTICO

Todos los datos del expediente del menor deben ubicarse en ficheros informáticos de titularidad pública dependientes de las entidades públicas de protección de menores, Administraciones y Juzgados de Menores competentes o del Ministerio Fiscal.
La Ley Orgánica de Protección de Datos de carácter personal y sus normas de desarrollo rige la recogida, cesión y tratamiento automatizados de los datos de carácter personal que figuren en el expediente.

Regulación normativa: artículo 48.3 LORPM; artículo 12.4 RLORPM; LOPD

Jurisprudencia: AAP de Ciudad Real 43/2005, de 7 de marzo (*Tol 596586*).

FORMAS DE APARICIÓN DEL DELITO

La realización de cualquier hecho delictivo recorre un camino o proceso que recibe el nombre de *iter criminis*, que va desde que surge la decisión de cometerlo hasta la consecución de las metas pretendidas con su comisión, pasando por su preparación, comienzo de la ejecución, conclusión de la acción ejecutiva y producción del resultado típico. En el *iter criminis* se aprecian cuatro etapas o momentos que corresponden a las fases de desarrollo del proceso delictual: ideación, actos preparatorios, tentativa y consumación.
La simple decisión de delinquir no manifestada al exterior es irrelevante para el Derecho penal. Los actos preparatorios suponen el comienzo de la fase externa, de objetivación de una voluntad proyectada al ataque de bienes jurídicos ante la que el ordenamiento puede entender que no debe retrasar más su intervención.
Cuando el sujeto inicia la ejecución del delito pero no alcanza la consumación, a dicha fase se denomina tentativa. El sujeto practica todos o parte de los actos que objetivamente deberían producir el resultado y, sin embargo, éste no se produce por causas independientes de la voluntad del sujeto.
La consumación es la realización de la totalidad de los elementos del tipo. La consumación del delito acarrea la imposición de la pena prevista en el tipo delictivo.

Regulación normativa: artículos 15, 16, 17 y 61 CP.

Jurisprudencia: SSTS de 5 de mayo de 2010 (*Tol 1847447*), 6 de julio de 2010 (*Tol 1910179*).

FUGA DEL CENTRO

La LORPM establece como obligación de los menores internados el permanecer en el centro a disposición de la autoridad judicial competente hasta el momento de su puesta en libertad. En un sentido más restringido la fuga es la evasión de un centro de internamiento sorteando los controles y medios de seguridad establecidos. En una acepción más amplia incluiría también el no retorno al centro tras una salida autorizada. En ambos casos el director del centro deberá comunicarlo al Juez de Menores y al Ministerio Fiscal. La LORPM permite la utilización de medios de contención para evitar actos de fuga. Jurídicamente puede tener varias consecuencias. Así puede dar origen a una nueva responsabilidad penal por delito de quebrantamiento de condena. También puede motivar una modificación o sustitución de la medida de internamiento que cumple el menor, acordando un régimen más restrictivo. Por último el RLORPM considera falta muy grave intentar o consumar la evasión del interior del centro y falta grave el no retorno sin causa justificada después de una salida autorizada.

Regulación normativa: artículos 50, 57 y 59.2 LORPM; artículos 14, 62.e) y 63.e) RLORPM.

Jurisprudencia: SAP Orense, sec. 2ª, 83/2014, de 27 de febrero (*Tol 4145615*); SAP Cuenca, sec. 1ª, 85/2014, de 15 de julio (*Tol 4482993*); SAP Valladolid, sec. 2ª, 258/2014, de 31 de julio (*Tol 4514878*).

FUNCIONARIO PÚBLICO

El concepto de funcionario público que se maneja en el ámbito penal es más amplio que el que utiliza el Derecho Administrativo.
A efectos penales se considera funcionario público todo el que por disposición o por nombramiento de autoridad competente participa en el ejercicio de funciones públicas.
En el ámbito de la justicia penal juvenil la LORPM, dada las especiales características del proceso, contempla la necesidad de que todos los que intervienen en el mismo tengan unos conocimientos no solo del proceso, sino del menor y sus circunstancias, es decir, la LORPM opta por la especialización de todas aquellas personas o instituciones que tienen relación con el menor.

Regulación normativa: Disposición Final Cuarta LORPM; artículo 24.2 CP.

Jurisprudencia: SSTS de 27 de enero de 2003 (*Tol 254174*), de 14 de marzo de 2012 (*Tol 2494412*).

FUNDAMENTO DEL RÉGIMEN DISCIPLINARIO DE LOS CENTROS

Vid. Régimen disciplinario.

G

GARANTÍA CRIMINAL

La garantía criminal, *nullum crimen sine lege*, implica que no se puede castigar como infracción penal ninguna conducta si ello no ha sido previamente establecido en una ley, esto es, ningún hecho puede ser considerado delictivo si una ley anterior a su perpetración no lo ha calificado como tal.

La garantía criminal, en el ámbito de la justicia penal juvenil, implica que solo serán responsables los menores por los hechos tipificados como delitos en el Código Penal o en las Leyes penales especiales.

La garantía criminal es una plasmación del principio de legalidad, de la que se deriva la reserva absoluta de Ley en materia penal, la taxatividad, la prohibición de la analogía y la prohibición de la retroactividad.

Regulación normativa: artículo 25.1 CE; artículo 1 LORPM; artículos 1 y 4.2 CP.

Jurisprudencia: SAP de Tarragona 38/2006, de 19 de enero (*Tol 840642*).

GARANTÍA DE EJECUCIÓN

La garantía de ejecución supone que solo del modo en que aparece regulado en la ley se pueden cumplir las penas y medidas de seguri-

dad, esto es, no podrá ejecutarse pena o medida de seguridad en otra forma que la prescrita por la ley y reglamentos que la desarrollan, ni con otras circunstancias o accidentes que los expresados en su texto. En el ámbito de la justicia juvenil la LORPM prevé que las medidas impuestas conforme a la misma solo podrán ejecutarse según los mandatos normativos relacionados con ella, esto es, la propia LORPM y su Reglamento.
La garantía de ejecución es una plasmación del principio de legalidad.

Regulación normativa: artículo 25.2 CE; artículos 1 y 43.2 LORPM; artículo 3.2. CP; artículo 2 LOGP.

Jurisprudencia: AAP de Madrid 104/2003, 5 de diciembre.

GARANTÍA PENAL

La garantía penal, *nulla poena sine lege*, comporta la prohibición de imponer una pena o medida de seguridad que no haya sido previamente establecida en la ley para sancionar un hecho delictivo determinado, esto es, no se podrá castigar ningún delito con pena que no se halle prevista por ley anterior a su perpetración.
En el ámbito de la justicia penal de menores, la garantía penal, dado el margen de flexibilidad que supone la aplicación de las medidas, en función del interés del menor y por su carácter educativo, no se daría en esta jurisdicción, aunque un evidente límite a esa flexibilidad se encuentra en el principio acusatorio y el principio de proporcionalidad.
La garantía penal es una plasmación del principio de legalidad.

Regulación normativa: artículo 25.1 CE; artículo 1 LORPM; artículos 2.1 y 4.3 CP.

Jurisprudencia: SAP de Guadalajara 95/2005, de 29 de junio (*Tol 794684*).

GARANTÍA PROCESAL

La garantía procesal o jurisdiccional, *nemo damnetur nisi per legale iudicium*, supone que corresponde en exclusiva a los Tribunales de Justicia predeterminados por la ley la imposición de penas y/o medidas de seguridad por la comisión de infracciones penales, por tanto, nadie puede ser condenado al cumplimiento de una pena, sino en virtud de sentencia firme pronunciada por el Tribunal competente, de acuerdo con las leyes procesales.

En el ámbito de la justicia juvenil, la garantía procesal o jurisdiccional supone la exigencia de que solo se podrán imponer medidas sancionadoras en virtud de sentencia firme y tras el correspondiente proceso dirigido por el Juez de Menores.

Las exigencias derivadas de esta garantía son:

1. Para ejecutarse una medida de las previstas en la LORPM, debe haberse seguido un procedimiento con todas las garantías en el que se hayan respetado todos los derechos del menor, para que la sentencia que se dicte pueda ser considerada legal.
2. La decisión sobre la ejecución de estas medidas debe ser adoptada por un órgano judicial competente, el Juez de Menores.
3. La necesidad de que la sentencia sea firme para poder ser ejecutada la medida, lo que implica que el cumplimiento no puede iniciarse hasta el momento en que se haya finalizado el régimen de recursos.

Todo lo anterior no significa que no puedan adoptarse medidas cautelares y por otro, que también existen excepciones al régimen de ejecución inmediata antes de alcanzar la firmeza, en atención a la sustitución de la medida prevista.

La garantía jurisdiccional es una plasmación del principio de legalidad.

Regulación normativa: artículos 24.2 y 117.3 CE; artículos 1 y 43.1 LORPM; artículo 3.1 CP.

Jurisprudencia: AAP de Zaragoza 305/2005, de 30 de marzo (*Tol 621594*).

GESTIÓN DE LOS CENTROS DE MENORES

Aunque la competencia administrativa para la ejecución de las medidas adoptadas por los Jueces de Menores en sus resoluciones corresponde a las Comunidades Autónomas y a las ciudades de Ceuta y Melilla, la LORPM prevé la posibilidad de la delegación mediante convenios o acuerdos de colaboración con otras entidades públicas o privadas sin ánimo de lucro, para la ejecución de las medidas, bajo su supervisión.

Existe, por tanto, diferentes modelos de gestión:

1. El público, en el que todos los recursos dependen de la entidad pública.
2. El privado, en el que se concierta por la entidad pública la ejecución de las medidas con entidades privadas.
3. El mixto, en el que existe una centralización en cuanto a la organización, creación, dirección, organización y gestión de los servicios, pero una descentralización en la ejecución material de las medidas con utilización de recursos públicos y privados.

Regulación normativa: artículo 45.3 LORPM; artículo 8.1 RLORPM.

Jurisprudencia: AAP de Córdoba 37/2002, de 7 de mayo (*Tol 201170*).

GRADOS DE EJECUCIÓN

Vid. Formas de aparición del delito.

GRADUACIÓN DE LAS SANCIONES

La determinación de las sanciones y su duración se llevará a efecto de acuerdo al principio de la proporcionalidad, atendiendo a las circunstancias del menor, la naturaleza de los hechos, la violencia o agresividad mostrada en la comisión de los hechos, la intencionalidad, la perturbación producida en la convivencia del centro, la grave-

dad de los daños y perjuicios ocasionados, el grado de ejecución y de participación y la reincidencia en otras faltas disciplinarias.
Atendiendo a la escasa relevancia de la falta disciplinaria, a la evolución del interno en el cumplimiento de la medida, al reconocimiento por el menor de la comisión de la infracción y a la incidencia de la intervención educativa realizada para expresarle el reproche merecido por su conducta infractora, podrá imponerse al autor de una falta disciplinaria muy grave una sanción establecida para faltas disciplinarias graves y al autor de una falta disciplinaria grave una sanción prevista para las faltas disciplinarias leves.

Regulación normativa: artículos 67 RLORPM.

GRUME

Los GRUME, Grupo de Menores del Cuerpo Nacional de Policía, se crearon en 1986 y realiza todas las actuaciones policiales relacionadas con menores. En estos Grupos se centralizan la elaboración de atestados e informes respecto de los menores denunciados de cometer un delito.
Se procura que sus dependencias y funcionarios carezcan de signos característicos de la Policía para evitar el impacto negativo que supone al menor su paso por una Comisaría.
La función del Grupo de Menores del Cuerpo Nacional de Policía es doble: por un lado, la protección de menores víctimas de cualquier tipo de maltrato, físico o psicológico y, por otro, la protección de los menores infractores.

GRUPO

El hecho delictivo cometido en grupo o pertenencia o actuación al servicio de una banda, organización o asociación criminal es uno de los supuestos que prevé la LORPM para imponer una medida de internamiento en régimen cerrado por la comisión de un delito menos grave.

El grupo debe entenderse como la unión más o menos estable y compleja de una pluralidad de personas que se forma con la finalidad de realizar una serie de actividades en común e influye en los comportamientos del menor.

Se requiere la presencia de, al menos, tres personas. No es necesario para apreciar la actuación en grupo que todos los integrantes del mismo estén sometidos a la jurisdicción de menores.

La mera comisión de un hecho delictivo por parte de más de dos menores no tiene por sí misma significación alguna para la valoración de la medida, esto es, no procede la calificación de grupo criminal, si no está probado que el hecho concreto no trasciende más allá de la codelincuencia aislada o episódica.

Regulación normativa: artículo 9.2.c) LORPM.

Jurisprudencia: SAP de Madrid 35/2007, de 2 de febrero (*Tol 1043249*); SAP de Madrid 18/2012, de 15 de febrero (*Tol 2476611*); SJM núm. 3 de Sevilla de 24 de marzo de 2011(*Tol 2064806*).

H

HABEAS CORPUS

Será competente para el procedimiento de hábeas corpus en relación a un menor el Juez de Instrucción del lugar en el que se encuentre el menor privado de libertad; si no constare, el del lugar donde se produjo la detención, y, en defecto de los anteriores, el del lugar donde se hayan tenido las últimas noticias sobre el paradero del menor detenido.

Cuando el procedimiento de hábeas corpus sea instado por el propio menor, la fuerza pública responsable de la detención lo notificará inmediatamente al Ministerio Fiscal, además de dar curso al procedimiento conforme a la ley orgánica reguladora.

Regulación normativa: artículo 17.6 LORPM.

I

IDENTIFICACIÓN DEL MENOR

Cuando para la identificación del menor haya de acudirse a la diligencia de reconocimiento que prevé la LECrim, la misma solo podrá llevarse a cabo con orden o autorización del Ministerio Fiscal o del Juez de Menores. Para la realización de esta práctica se utilizarán los medios que resulten menos dañinos a la integridad del menor y se llevara a cabo en las dependencias de los Grupos de Menores o en las sedes del Ministerio Fiscal o autoridad judicial competente.

Regulación normativa: artículo 2.10 RLORPM; artículo 369 LECrim.

IMÁGENES

Vid. Difusión de imágenes o datos.

IMPOSICIÓN DE VARIAS MEDIDAS

La LORPM faculta al Juez para imponer al menor una o varias medidas de las previstas en la Ley con independencia de que se trate de uno o más hechos, sujetándose si procede a lo dispuesto en el artículo 11 para el enjuiciamiento conjunto de varias infracciones; pero, en ningún caso, podrá imponer a un menor en una misma resolución más de una medida de la misma clase, entendiendo por tal cada una de las que se enumeran en el apartado 1 del artículo 7.

Regulación normativa: artículo 7.4 LORPM.

Jurisprudencia: SAP Málaga, sec. 8ª, 91/2014, de 24 de marzo (*Tol 4440400*).

IMPRUDENCIA

La imprudencia se define negativamente con relación al dolo. Se dice que actúa imprudentemente quien lo hace sin intención.
En la imprudencia el sujeto no ha querido realizar el hecho delictivo pero, sin embargo, éste se produce por su descuido y falta de diligencia, pudiendo y debiendo haberlo evitado.
En los supuestos de delitos imprudentes, todos ellos por imprudencia grave cometidos por menores, se les pueden aplicar todas las medidas contempladas en la LORPM con la única excepción de la medida de internamiento en régimen cerrado.

Regulación normativa: artículo 9.4 LORPM; artículo 12 CP.

Jurisprudencia: SAP Barcelona de 10 de noviembre de 2005 (*Tol 793047*).

IMPUTABILIDAD

Con el término "imputabilidad" se hace referencia al conjunto de características necesarias para poder atribuir a una persona, en este caso a un menor, el hecho típico y antijurídico cometido por ella.
La imputabilidad o capacidad de culpabilidad se define como capacidad de entender, valorar y actuar consecuentemente. Capacidad de comprender lo que se está haciendo, capacidad de entender que la conducta que se lleva a cabo es contraria a Derecho y de poder dominar o controlar su conducta.

Regulación normativa: artículo 5 LORPM.

Jurisprudencia: STS de 9 de enero de 2003 (*Tol 254105*).

INCENTIVOS

Para motivar a los menores en la buena conducta, espíritu de trabajo y sentido de la responsabilidad en el comportamiento personal y colectivo, así como la participación positiva en las actividades educativas, se prevé que los mismos puedan ser incentivados por la entidad pública con cualquier recompensa que no resulte incompatible con la LORPM y su Reglamento.

Regulación normativa: artículo 85 RLORPM.

INFORMACIÓN

La información al menor prevista en la LORPM distingue entre la información de derechos en el momento de la detención, información sobre la imputación e información al ingreso en el centro.

En el momento de la detención: debe informarse al menor, en un lenguaje claro y comprensible, y de forma inmediata de los hechos que se le imputan, de las razones de su detención y de los derechos que le asisten.

Sobre la imputación: al menor se le debe informar por parte del Secretario Judicial, en un lenguaje comprensible y adaptado a la edad del menor, de las medidas y responsabilidad civil solicitadas por el Ministerio Fiscal y, en su caso, la acusación particular y el actor civil así como de los hechos y de la causa en que se funden.

A su ingreso en el centro: el menor debe recibir información escrita sobre sus derechos y obligaciones, régimen de internamiento, cuestiones de organización general, normas de funcionamiento, normas disciplinarias, etc.

Regulación normativa: artículos 17.1, 36, 58.1 y 2 LORPM; artículos 56 y 57 RLORPM.

INFORMES DE SEGUIMIENTO

Durante la ejecución de la medida la entidad pública competente debe remitir al Juez de Menores y al Ministerio Fiscal los llamados "informes de seguimiento" que permiten conocer el grado de cumplimiento de la medida, las incidencias que se puedan producir y la evolución personal del menor.
Con carácter general el informe de seguimiento será trimestral excepto cuando se trate de una medida de permanencia de fin de semana en cuyo caso el informe se elaborará y tramitará cada cuatro fines de semana cumplidos, cuando se trate de prestaciones en beneficio de la comunidad la periodicidad será de cada 25 horas cumplidas si la medida impuesta es igual o inferior a 50 horas, y uno cada 50 horas cumplidas si la duración es superior.
Una copia de estos informes se ha de remitir también al letrado que acredite ser el defensor del menor y lo solicite de forma expresa a la entidad pública.

Regulación normativa: artículo 13 RLORPM.

INFRACCIÓN

Vid. Delito

INGRESO EN EL CENTRO

El ingreso en el centro se produce bien por orden judicial (sentencia condenatoria o mandamiento de internamiento cautelar), bien por presentación voluntaria del menor sobre el que se haya dictado un mandamiento de internamiento cautelar o sentencia firme de internamiento, el menor evadido de un centro y el que no ha retornado después de una salida autorizada.

Se trata de salvaguardar al máximo la intimidad del menor, procurando que durante el periodo de adaptación cuente con el apoyo técnico necesario para reducir los efectos negativos.
En todos los centros se lleva un registro en el que se hacen constar los datos de identidad de los menores, la fecha y hora de los ingresos, traslados y puestas en libertad, sus motivos, las autoridades judiciales que los acuerden y los datos del letrado del menor.
El ingreso del menor ha de ser comunicado al Juez de Menores, al Fiscal y a los representantes legales del menor. Si el menor es extranjero y tiene su residencia habitual fuera de España o así lo solicita el menor o sus representantes legales, el ingreso se comunicara a las autoridades consulares de su país.
Las ropas y enseres personales del menor pueden ser objeto de registro. Si se le encuentran enseres y objetos no autorizados o prohibidos, los mismos se le retiran. Asimismo se adoptan las medidas de higiene personal necesarias y se entrega al menor las prendas de vestir que precise.
En el momento del ingreso en el centro todo menor debe recibir una copia del reglamento de régimen interno del centro y una descripción escrita de sus derechos y obligaciones en un idioma que puedan comprender, junto con la dirección y teléfono de las personas y entidades u organizaciones a las que se pueden dirigir. Además se les tiene que informar de las posibilidades de formular quejas, peticiones y recursos a los que tiene derecho.
Todos los menores internados son examinados por un médico en el plazo más breve posible y siempre antes de 24 horas.

Regulación normativa: artículos 31 y 32 RLORPM.

INHABILITACIÓN ABSOLUTA

Medida no privativa de libertad que produce la privación definitiva de todos los honores, empleos y cargos públicos sobre el que recayere, aunque sean electivos; así como la incapacidad para obtener los

mismos o cualesquiera otros honores, cargos o empleos públicos, y la de ser elegido para cargo público, durante el tiempo de la medida. Su ejecución no corresponde a las entidades públicas de reforma, sino a los órganos administrativos competentes por razón de la materia, salvo que sean ejecutadas directamente por el Juez.
Está medida resulta de obligada imposición en los casos de delitos comprendidos en los artículos 571 a 580 del CP, con una duración de entre cuatro y quince años superior a la duración de la medida de internamiento en régimen cerrado impuesta.

Regulación normativa: artículos 7.1.ñ) y 10.3 LORPM; artículo 8.4 RLORPM.

INICIO DE LA EJECUCIÓN DE LAS MEDIDAS

Conforme determina al artículo 10.1.6ª del RLORPM, las medidas se iniciarán una vez aprobado por el Juez de Menores el programa individual de ejecución, salvo que ya estuviesen iniciadas por tratarse de una medida de internamiento o de libertad vigilada. La fecha de inicio deberá ser comunicada por la entidad pública de reforma al Juzgado de Menores a efectos de que por el Secretario Judicial se practique la correspondiente liquidación de la medida. Se considerarán como fechas de inicio las siguientes: en la medida de internamiento, el día del ingreso en el centro o el día de la firmeza de la sentencia si estuviera internado cautelarmente; en la de tratamiento ambulatorio, la fecha en que el menor asista por primera vez al centro ambulatorio asignado; en la de asistencia a un centro de día, la fecha en que el menor asista por primera vez al centro de día asignado; en la de permanencia de fin de semana, el primer día de permanencia en el centro o en el domicilio; en la de libertad vigilada, el día en que se lleve a cabo la primera entrevista con el técnico responsable de la ejecución o el día de la firmeza de la sentencia si estuviera iniciada cautelarmente; en la de convivencia con otra persona, familia o grupo educativo, el primer día de convivencia o el día de la firmeza si estuviera en medida de convivencia cautelar; en la de prestaciones en beneficio de la comunidad, el día que comiencen de forma efectiva las prestaciones; y en la de realización de tareas socioeducativas, el día que comiencen de forma efectiva las tareas.

Regulación normativa: artículo 46 LORPM; artículo 10.1.6ª RLORPM.

INIMPUTABILIDAD

El término "inimputabilidad" se entiende como la falta de capacidad de entender y valorar el hecho. Es lo contrario a culpabilidad o imputabilidad (*Vid.* Imputabilidad).

Las causas de inimputabilidad se recogen en el Código penal y son:

- La enajenación mental.
- La actuación bajo los efectos de las drogas tóxicas, estupefacientes, sustancias psicotrópicas o el alcohol.
- La alteración de la percepción de la realidad.

Regulación normativa: artículo 5.2 LORPM; artículo 20.1º, 2º y 3º CP.

Jurisprudencia: SJM núm. 5 de Madrid de 13 de octubre de 2003 (*Tol 318660*).

INSPECCIÓN DE CENTROS

Establece el artículo 58 del RLORPM que sin perjuicio de las funciones de inspección que correspondan a los Jueces de Menores, al Ministerio Fiscal y al Defensor del Pueblo o institución análoga de la Comunidad Autónoma, la entidad pública, con los medios personales y materiales y los procedimientos que articule para esta finalidad, ejercerá las funciones de inspección para garantizar que la actuación de los centros propios y colaboradores y la de sus profesionales se lleva a cabo con respeto a los derechos y garantías de los menores internados.

En relación con estas facultades, tanto la Ley como el Reglamento reconocen a los menores el derecho a comunicarse con los servicios de inspección de los centros, sin perjuicio de las comunicaciones que dicho órgano realice con el menor en el ejercicio de sus funciones. Los hechos descubiertos en el ejercicio de sus funciones por el órgano de inspección, que supongan una vulneración de los derechos de los menores, se pondrán en conocimiento de la entidad pública, del Juez de Menores competente y del Ministerio Fiscal.

Regulación normativa: artículo 56.2.i) LORPM; artículos 41 y 58 RLORPM.

INSPECCIONES DE DEPENDENCIAS Y LOCALES

Señala el artículo 59.1 de la LORPM que las actuaciones de vigilancia y seguridad interior en los centros podrán suponer, entre otras actuaciones, inspecciones de los locales y dependencias, en la forma y con la periodicidad que se establezca reglamentariamente, precisando el RLORPM que se harán con la periodicidad que la entidad pública o el director del centro establezca, pudiéndose utilizar, en aquellas dependencias que a criterio del centro lo requieran, medios electrónicos para la detección de presencia de metales o para el examen del contenido de paquetes u objetos.

Regulación normativa: artículo 59.1 LORPM; artículo 54, apartados 2 y 3 RLORPM.

Jurisprudencia: STC 89/2006, de 27 de marzo (*Tol 870469*).

INTERÉS SUPERIOR DEL MENOR

Se trata de un concepto jurídico indeterminado que ha sido objeto de diversas interpretaciones lo que ha llevado al legislador a modificar la LOPJM para dotarle de contenido, incorporando tanto la jurisprudencia del Tribunal Supremo de los últimos años como los criterios de la Observación general núm. 14, de 29 de mayo de 2013, del Comité de Naciones Unidas de Derechos del Niño.

El interés superior del menor se define desde un contenido triple. Por una parte, es un derecho sustantivo en el sentido de que el menor tiene derecho a que, cuando se adopte una medida que le concierna, sus mejores intereses hayan sido evaluados y, en el caso de que haya otros intereses en presencia, se hayan ponderado a la hora de llegar a una solución. Por otra, es un principio general de carácter interpretativo, de manera que si una disposición jurídica puede ser interpretada en más de una forma se debe optar por la interpretación que mejor responda a los intereses del menor. Pero además, en último lugar, este principio es una norma de procedimiento.
En estas tres dimensiones, el interés superior del menor tiene una misma finalidad: asegurar el respeto completo y efectivo de todos los derechos del menor, así como su desarrollo integral.
Según el interés superior del menor, todas las medidas concernientes al mismo, que adopten ya entidades públicas o privadas, ya los Tribunales, ya autoridades administrativas, ya los órganos legislativos, deberán basarse en dicho principio.

Regulación normativa: artículo 2 LOPJM.

INTERNAMIENTO

Vid. Medidas de internamiento.

INTERNAMIENTO DE MADRES CON HIJOS MENORES

El RLORPM prevé la posibilidad de que las menores internadas puedan tener en su compañía a sus hijos menores de tres años siempre y cuando:
1.La madre lo solicite expresamente.
2. Se acredite su filiación.
3. A criterio de la entidad pública no suponga riesgo para los hijos.
4. Lo autorice el Juez de Menores.

Los conflictos entre los derechos del hijo y los de la madre, originados por el internamiento son resueltos por el Juez de Menores.
Admitido el niño en el centro es reconocido por el médico del establecimiento y salvo que éste no disponga otra cosa pasa a ocupar la habitación de su madre que será individual y acomodada a las necesidades del niño.

Regulación normativa: artículo 34 RLORPM.

INTERNAMIENTO EN RÉGIMEN ABIERTO

Medida privativa de libertad, que puede adoptarse tanto con carácter firme como cautelar. No podrá aplicarse cuando los hechos sean calificados como falta.
Las personas sometidas a esta medida llevarán a cabo todas las actividades del proyecto educativo en los servicios normalizados del entorno, residiendo en el centro como domicilio habitual, con sujeción al programa y régimen interno del mismo. Las actividades en el exterior se llevarán a cabo conforme a los horarios y condiciones de realización establecidas en el programa individualizado de ejecución de la medida.
En general, el tiempo mínimo de permanencia en el centro será de ocho horas, y el menor deberá pernoctar en este. No obstante, cuando el menor realice en el exterior una actividad formativa o laboral cuyas características lo requieran, la entidad pública podrá proponer al Juzgado de Menores la posibilidad de no pernoctar en el centro durante un período determinado de tiempo y acudir a este solamente con la periodicidad concreta establecida, para realizar actividades determinadas del programa individualizado de ejecución de la medida, entrevistas y controles presenciales.
Cuando la entidad pública entienda que las características personales del menor y la evolución de la medida de internamiento en régimen abierto lo aconsejan, podrá proponer al Juzgado de Menores que aquella continúe en viviendas o instituciones de carácter

familiar ubicadas fuera del recinto del centro, bajo el control de dicha entidad.
Los menores sometidos a esta medida pueden disfrutar de permisos de salida ordinarios, de salidas de fin de semana y de salidas programadas, siempre que concurran los requisitos establecidos en el RLORPM.

Regulación normativa: Exposición de Motivos (nº 16) y artículos 7.1.c), 28 y 54 LORPM; artículos 8, 26 y 45 a 48 RLORPM.

INTERNAMIENTO EN RÉGIMEN CERRADO

Medida privativa de libertad, que puede adoptarse tanto con carácter firme como cautelar.
La medida pretende la adquisición por parte del menor de los suficientes recursos de competencia social para permitir un comportamiento responsable en la comunidad, mediante una gestión de control en un ambiente restrictivo y progresivamente autónomo.
Las personas sometidas a esta medida residirán en el centro y desarrollarán en el mismo las actividades formativas, educativas, laborales y de ocio.
Sólo puede aplicarse cuando los hechos estén tipificados como delito grave por el CP o las leyes penales especiales; se trate de hechos tipificados como delito menos grave, en cuya ejecución se haya empleado violencia o intimidación en las personas o se haya generado grave riesgo para la vida o la integridad física de las mismas; o los hechos tipificados como delito se cometan en grupo o el menor perteneciere o actuare al servicio de una banda, organización o asociación, incluso de carácter transitorio, que se dedicare a la realización de tales actividades.
No podrá aplicarse cuando se trate de acciones u omisiones imprudentes, ni tampoco cuando los hechos sean calificados de falta.
Será de aplicación obligatoria cuando se trate de supuestos de extrema gravedad cometidos por mayores de 16 años, así como cuando

el hecho sea constitutivo de alguno de los delitos tipificados en los artículos 138, 139, 179, 180 y 571 a 580 del CP, o de cualquier otro delito que tenga señalada en dicho Código o en las leyes penales especiales pena de prisión igual o superior a quince años. En los casos de extrema gravedad no podrá procederse a la modificación, suspensión o sustitución hasta transcurrido el primer año de cumplimiento efectivo. En el segundo de los supuestos, cuando se trate de delitos cometidos por mayores de 16 años, no podrá procederse a la modificación, suspensión o sustitución de la medida hasta que haya transcurrido la mitad de la duración de la medida.
La concesión de permisos de salida ordinarios, de salidas de fin de semana y de salidas programadas requerirá la autorización del Juez de Menores, siendo necesario, además del cumplimiento de los requisitos establecidos con carácter general en el RLORPM, que hayan cumplido el primer tercio de la medida, que una buena evolución personal durante la ejecución de la medida lo justifique y que ello favorezca el proceso de reinserción social. La concesión de permisos extraordinarios requerirá de autorización expresa del Juez de Menores. Tras la reforma introducida por la Ley Orgánica 8/2006 el internamiento en régimen cerrado también puede imponerse en supuestos de modificación de medida, aunque la inicialmente impuesta hubiera sido de internamiento en régimen semiabierto, siempre y cuando el hecho por el que se impuso fuera uno de los que pudieran ser sancionados con internamiento en régimen cerrado conforme al artículo 9.2 de la LORPM.

Regulación normativa: Exposición de Motivos (nº 16) y artículos 7.1.a), 9, 10, 11, 28, 47.2.b) y 51.2 LORPM; artículos 8, 24 y 45 a 48 RLORPM.

Jurisprudencia: SAP Alicante, sec. 3, 218/2009, de 27 de abril (*Tol 1722262*); SJM nº 3 de Sevilla, de 24 de marzo de 2011 (*Tol 2064806*).

INTERNAMIENTO EN RÉGIMEN SEMIABIERTO

Medida privativa de libertad, que puede adoptarse tanto con carácter firme como cautelar. No podrá aplicarse cuando los hechos sean calificados de falta.

La medida implica la existencia de un proyecto educativo en donde desde el principio los objetivos sustanciales se realizan en contacto con personas e instituciones de la comunidad, teniendo el menor su residencia en el centro, sujeto al programa y régimen interno del mismo.

Las personas sometidas a esta medida residirán en el centro, pero podrán realizar fuera del mismo alguna o algunas de las actividades formativas, educativas, laborales y de ocio establecidas en el programa individualizado de ejecución de la medida. La realización de actividades fuera del centro quedará condicionada a la evolución de la persona y al cumplimiento de los objetivos previstos en las mismas, pudiendo el Juez de Menores suspenderlas por tiempo determinado, acordando que todas las actividades se lleven a cabo dentro del centro.

El programa individualizado de ejecución podrá establecer un régimen flexible de actividades fuera del centro que deje a la entidad pública un margen de decisión para su aplicación concreta.

La actividad o actividades que se realicen en el exterior se ajustarán a los horarios y condiciones establecidos en el programa individualizado de ejecución, sin perjuicio de que, en función de la evolución personal del menor, la entidad pública pueda aumentar o disminuir las actividades en el exterior o los horarios, siempre dentro del margen establecido en el propio programa.

En los supuestos de quebrantamiento de una medida no privativa de libertad, excepcionalmente y a propuesta del Ministerio Fiscal, oídos el letrado y el representante legal del menor, así como el equipo técnico, el Juez de Menores podrá sustituir la medida por la de internamiento en régimen semiabierto, por el tiempo que reste para su cumplimiento.

Los menores sometidos a esta medida pueden disfrutar de permisos de salida ordinarios, de salidas de fin de semana y de salidas programadas, siempre que concurran los requisitos establecidos en el RLORPM.

Regulación normativa: Exposición de Motivos (nº 16) y artículos 7.1.b), 28 y 50.2 LORPM; artículos 25 y 45 a 48 RLORPM.

Jurisprudencia: ATC 33/2009, de 27 de enero de 2009 (*Tol 2274993*); AAP Madrid, sec. 4ª 104/2011, de 17 de junio (*Tol 3643259*).

Fiscalía General del Estado: Circular 1/2009, de 27 de abril de 2009, sobre la sustitución en el sistema de justicia juvenil de medidas no privativas de libertad por la de internamiento en centro semiabierto, en supuestos de quebrantamiento.

INTERNAMIENTO TERAPÉUTICO

Medida privativa de libertad, que puede adoptarse tanto con carácter firme como cautelar. No podrá aplicarse cuando los hechos sean calificados de falta.

Esta medida, o la de tratamiento ambulatorio, serán obligatorias cuando concurra en el menor alguna de las circunstancias previstas en los números 1, 2 y 3 del artículo 20 del CP.

El internamiento terapéutico estaba previsto inicialmente para aquellos casos en los que los menores, bien por razón de su adicción al alcohol o a otras drogas, bien por disfunciones significativas en su psiquismo, precisan de un contexto estructurado en el que poder realizar una programación terapéutica, no dándose, ni, de una parte, las condiciones idóneas en el menor o en su entorno para el tratamiento ambulatorio, ni, de otra parte, las condiciones de riesgo que exigirían la aplicación a aquel de un internamiento en régimen cerrado. Tras la reforma llevada a cabo por la Ley Orgánica 8/2006 el internamiento podrá ser en régimen cerrado, semiabierto o abierto.

En los centros de esta naturaleza se realizará una atención educativa especializada o tratamiento específico dirigido a personas que padezcan anomalías o alteraciones psíquicas, un estado de dependencia de bebidas alcohólicas, drogas tóxicas o sustancias psicotrópicas, o alteraciones en la percepción que determinen una alteración grave de la conciencia de la realidad.

Esta medida podrá aplicarse sola o como complemento de otra medida prevista en el artículo 7 de la LORPM.

Cuando el interesado rechace un tratamiento de deshabituación, el Juez habrá de aplicarle otra medida adecuada a sus circunstancias.

Los especialistas o facultativos correspondientes elaborarán un programa de tratamiento de la problemática objeto del internamiento, con las pautas sociosanitarias recomendadas y, en su caso, los controles para garantizar el seguimiento, que formará parte del programa individualizado de ejecución de la medida que elabore la entidad pública.

Cuando el tratamiento tenga por objeto la deshabituación del consumo de bebidas alcohólicas, drogas tóxicas o sustancia psicotrópicas y el menor no preste su consentimiento para iniciarlo o para someterse a los controles de seguimiento establecidos o, una vez iniciado, lo abandone o rechace someterse a los controles, la entidad pública no iniciará el tratamiento o lo suspenderá y lo pondrá en conocimiento del Juez de Menores a los efectos oportunos.

Cuando la entidad pública, en atención al diagnóstico realizado por los facultativos correspondientes o a la evolución en la medida considere que lo más adecuado es el internamiento en un centro sociosanitario, lo solicitará al Juez de Menores.

Las salidas, permisos y comunicaciones con el exterior se autorizarán, en el marco del programa individual de tratamiento, por el Juez de Menores.

Regulación normativa: Exposición de Motivos (nº 16) y artículos 5.2, 7.1.d), 9.5, 28, 29 y 47.5.a) LORPM; artículos 27 y 50 RLORPM.

Jurisprudencia: SJM Valladolid, 220/2005, de 24 de octubre.

Fiscalía General del Estado: Circular 3/2013, de 13 de marzo, sobre criterios de aplicación de las medidas de internamiento terapéutico en el sistema de justicia juvenil.

INTERVENCIÓN DE DINERO Y OBJETOS DE VALOR NO AUTORIZADOS

Se intervendrá a los menores el dinero u objetos de valor no autorizados, así como los objetos no permitidos y los que se entiendan peligrosos para la seguridad o convivencia ordenada o de ilícita procedencia. El dinero y los objetos de valor retenidos serán conservados en lugar seguro, entregando al menor un resguardo, siéndole devueltos a su salida del centro, pudiendo también ser entregados a sus representantes legales. En el caso de drogas tóxicas, armas u otros objetos peligrosos se pondrán a disposición del Ministerio Fiscal o del Juzgado competente (*Vid.* Objetos prohibidos).

Regulación normativa: artículos 30.2, letras c) y d), 32.4 y 54.7 RLORPM.

INTOXICACIÓN PLENA

La intoxicación plena por ingesta de bebidas alcohólicas o sustancias tóxicas, estupefacientes, psicotrópicas u otras que produzcan efectos análogos o actuación bajo síndrome de abstinencia es una causa de exención de la responsabilidad penal de manera que cuando el menor realice algún hecho delictivo bajo ese estado no se le aplicaran las medidas previstas legalmente. Por el contrario, sí se les podrá imponer, si fuera necesario para prevenir la comisión de un nuevo delito, el internamiento terapéutico o el tratamiento ambulatorio. Para la imposición de estas medidas debe continuar el procedimiento hasta la sentencia (*Vid.* Alcoholismo).

Regulación normativa: artículos 5.2 y 7.1.d) y e) LORPM; artículo 20.2 CP.

Jurisprudencia: SAP de Madrid 154/2004, de 16 de marzo (*Tol 491581*).

J

JUEZ DE INSTRUCCIÓN

El Juez de Instrucción es el encargado de practicar todas las diligencias que estime pertinentes en orden a la investigación del hecho delictivo que tiene ante sí.
En materia de justicia juvenil, en los casos en los que en la realización del hecho delictivo participen conjuntamente menores de dieciocho años y mayores de catorce años, el Juez de Instrucción competente para el conocimiento de la causa, una vez comprobada la edad de los imputados, adoptará las medidas necesarias para asegurar el éxito de la actividad investigadora respecto a los mayores de edad y ordenará remitir testimonio de los particulares precisos al Ministerio Fiscal.
Habrán de desarrollarse, por tanto, de manera separada dos procesos penales por los mismos hechos, uno ante el Juzgado de Menores y otro ante el Juzgado de Instrucción.
El Juez de Instrucción será el Juez competente en el procedimiento de *habeas corpus*.

Regulación normativa: artículos 16.5 y 17.6 LORPM; artículos 299 y ss. LECrim.

JUEZ DE MENORES

Los Jueces de Menores son miembros integrantes del Poder Judicial, por lo que son independientes, inamovibles, responsables y sometidos únicamente al imperio de la ley, siendo los Juzgados de Menores, Juzgados ordinarios pero especializados.
Los Juzgados de Menores tienen la competencia objetiva y funcional para conocer *ratione materiae* de los hechos tipificados como delitos en el Código Penal o en las leyes penales especiales, cometidos por las personas mayores de catorce años y menores de dieciocho, así como para la ejecución de las sentencias que recaigan en el proceso.
Se excepciona de la competencia objetiva de los Jueces de Menores

la materia de terrorismo la cual se atribuye a un órgano que se integra en la estructura de la Audiencia Nacional.
Asimismo, los Jueces de Menores son los competentes para resolver las cuestiones referentes a la responsabilidad civil por los daños y perjuicios que hubiera ocasionado el menor con la comisión del delito o la falta.
Siguiendo el criterio de *forum delicti commissi* del artículo 14 LECrim se establece la competencia territorial del Juez de Menores del lugar en el que se hubieran cometido los hechos delictivos.
En aquellos casos en los que los delitos atribuidos al menor expedientado se hayan cometido en diferentes territorios se opta por atribuir la competencia al Juez del domicilio del menor.

Regulación normativa: artículos 2.1, 16.3, 20.3, Disposición Final Segunda LORPM; artículo 97 LOPJ; artículos 14 y 18 LECrim.

Jurisprudencia: SSTC 36/1991, de 14 de febrero (*Tol 80450*), 243/2004 de 16 de diciembre (*Tol 526400*); AAP de Cáceres de 30 de junio de 2001 (*Tol 127703*).

JUEZ DE VIGILANCIA PENITENCIARIA

El Juez de Vigilancia Penitenciaria es un órgano judicial unipersonal especializado, que forma parte del orden jurisdiccional penal, con funciones jurisdiccionales previstas en la LOGP en materia de ejecución de penas privativas de libertad y medidas de seguridad, control jurisdiccional de la potestad disciplinaria de las autoridades penitenciarias y amparo de los derechos y beneficios de los internos en los establecimientos penitenciarios.
En materia de justicia juvenil, la LORPM regula el reparto de competencias entre el Juez de Menores y el Juez de Vigilancia Penitenciaria cuando se toma la decisión de que el sujeto que cometió el delito siendo menor tiene que pasar a cumplir la medida de internamiento en un centro penitenciario de adultos. En este caso el Juez de Menores competente para la ejecución conserva la competencia para

decidir sobre la pervivencia, modificación o sustitución de la medida, siendo el Juez de Vigilancia Penitenciaria quien asume el control de incidencias de la ejecución de la misma en todas las cuestiones y materias a que se refiere la legislación penitenciaria.

Regulación normativa: artículo 44.3 LORPM; artículos 76 a 79 LOGP.

Jurisprudencia: SSTC 129/1995, de 11 de septiembre (*Tol 104650*), 9/2003, de 20 de enero (*Tol 238521*); STS de 20 de enero de 2003 (*Tol 230934*); AAP de Madrid de 11 de abril de 2002 (*Tol 214021*).

JUZGADO CENTRAL DE MENORES

La atribución del ejercicio de la potestad jurisdiccional en materia de responsabilidad penal de los menores a unos concretos órganos judiciales especializados dentro del orden jurisdiccional penal simplifica las cuestiones de competencia en esta materia.

Uno de esos órganos judiciales competentes es el Juzgado Central de Menores de la Audiencia Nacional, con sede en Madrid y jurisdicción en toda España.

El Juzgado Central de Menores es el único competente para conocer de los delitos de terrorismo previstos en los artículos 571 a 580 del Código Penal que se imputen a los menores, sustrayendo de esta manera a los mismos de su Juez natural.

Contra los autos y sentencias dictadas por el Juzgado Central de Menores de la Audiencia Nacional cabe recurso de apelación ante la Sala de lo Penal de la Audiencia Nacional.

La ejecución de las medidas impuestas por el Juez Central de Menores o por la Sala correspondiente de la Audiencia Nacional será preferente sobre las impuestas por otros Jueces o Salas de menores.

Regulación normativa: artículos 2.4 y 41.4 LORPM; artículo 11.5 RLORPM; artículo 790 LECrim.

L

LIBERTAD DEL MENOR

La libertad de los menores internados solamente podrá ser acordada por resolución de la autoridad judicial competente remitida a la entidad pública o por cumplimiento de la fecha aprobada por el Juez en la liquidación de la medida. La entidad pública ejecutará inmediatamente el mandamiento de libertad, excepto cuando hechas las comprobaciones pertinentes el menor haya de permanecer internado por estar sujeto a otras responsabilidades. La ejecución del mandamiento de libertad se pondrá en conocimiento del Juez de Menores competente. Cuando el mandamiento de libertad se refiera a un menor de edad, el centro lo comunicará inmediatamente a sus representantes legales para que se hagan cargo de él, y de no ser localizados, se pondrá a disposición de la entidad pública de protección de menores a los efectos oportunos.

Regulación normativa: artículo 36 RLORPM.

LIBERTAD VIGILADA

Medida no privativa de libertad, que puede adoptarse tanto con carácter cautelar como firme y, en este supuesto, tanto por la comisión de delitos como de faltas. Además la libertad vigilada se configura como el segundo periodo en que se subdividen las medidas de internamiento, como medida complementaria a imponer en los casos de delitos de extrema gravedad y delitos de máxima gravedad y como condición que puede imponer el Juez de Menores para acordar la suspensión de la ejecución de una medida.

Los menores sujetos a esta medida están sometidos a la vigilancia y supervisión a cargo del profesional designado, con el fin de que adquieran las habilidades, capacidades y actitudes necesarias para un correcto desarrollo personal y social, debiendo igualmente cumplir

las obligaciones y prohibiciones que, de acuerdo con la Ley, el Juez les imponga.
La medida tiene como finalidad hacer un seguimiento de la actividad del menor y de su asistencia a la escuela, al centro de formación profesional o al lugar de trabajo, según los casos, procurando ayudarle a superar los factores que determinaron la infracción cometida.
La medida obliga al menor, en su caso, a seguir las pautas socioeducativas que señale la entidad pública o el profesional encargado de su seguimiento, de acuerdo con el programa de intervención elaborado al efecto y aprobado por el Juez de Menores.
El menor también queda obligado a mantener con dicho profesional las entrevistas establecidas en el programa y a cumplir en su caso, las reglas de conducta que el Juez puede imponerle, y que pueden ser: 1ª Obligación de asistir con regularidad al centro docente correspondiente, si el menor está en edad de escolarización obligatoria, y acreditar ante el Juez dicha asistencia regular o justificar en su caso las ausencias, cuantas veces fuere requerido para ello. 2ª Obligación de someterse a programas de tipo formativo, cultural, educativo, profesional, laboral, de educación sexual, de educación vial u otros similares. 3ª Prohibición de acudir a determinados lugares, establecimientos o espectáculos. 4ª Prohibición de ausentarse del lugar de residencia sin autorización judicial previa.5ª Obligación de residir en un lugar determinado. 6ª Obligación de comparecer personalmente ante el Juzgado de Menores o profesional que se designe, para informar de las actividades realizadas y justificarlas. 7ª Cualesquiera otras obligaciones que el Juez, de oficio o a instancia del Ministerio Fiscal, estime convenientes para la reinserción social del sentenciado, siempre que no atenten contra su dignidad como persona. Si alguna de estas obligaciones implicase la imposibilidad del menor de continuar conviviendo con sus padres, tutores o guardadores, el Ministerio Fiscal deberá remitir testimonio de los particulares a la entidad pública de protección del menor, y dicha entidad deberá promover las medidas

de protección adecuadas a las circunstancias de aquél, conforme a lo dispuesto en la Ley Orgánica 1/1996.

Regulación normativa: Exposición de Motivos (nº 18) y artículos 7.1.h), 7.2, 10.1.b), 10.2, 10.4, 28 y 40.2.c) LORPM; artículos 18 y 22 RLORPM.

Jurisprudencia: STS 699/2012, de 24 de septiembre (*Tol 2662580*); SAP Salamanca, 55/2010, de 25 de junio; SAP Murcia, sec. 2ª, 130/2012, de 14 de marzo (*Tol 212026*).

LIBRO DE ALTAS Y BAJAS

En todos los centros se llevará un registro autorizado por la entidad pública en el que han de constar los datos de identidad de los menores internados, la fecha y hora de los ingresos, traslados y puestas en libertad, sus motivos, las autoridades judiciales que los acuerden y los datos del letrado del menor.

Regulación normativa: artículo 32.2 RLORPM.

LIBRO DE VISITAS

En todos los Centros de Menores se lleva un libro de visitas en el que se anotan la fecha de la visita, el nombre del interno, el nombre del visitante, su dirección y documento nacional de identidad, así como el parentesco o relación que tiene con el menor.

Regulación normativa: artículo 40.9 RLORPM.

LIBRO REGISTRO DE CORRESPONDENCIA

Toda la correspondencia que expidan y reciban los internos será registrada, con indicación del nombre del interno remitente o destinatario y la fecha correspondiente, en el libro que para tal fin se llevará en el centro.

Regulación normativa: artículo 43.2 RLORPM.

LIBRO REGISTRO DE DETENIDOS

En los establecimientos de detención deberá llevarse un libro registro, de carácter confidencial, que al menos deberá contar con la siguiente información: a) datos relativos a la identidad del menor; b) circunstancias de la detención, motivos y en su caso autoridad que la ordenó; c) día y hora del ingreso, traslado o libertad; d) indicación de la persona o personas que custodian al menor; e) detalle de la notificación a los padres o representantes legales del menor y al Ministerio Fiscal de la detención del menor; f) expresión de las circunstancias psicofísicas del menor; y g) constatación de que se le ha informado de las circunstancias de la detención y de sus derechos. Los datos de dicho registro estarán exclusivamente a disposición del Ministerio Fiscal y de la autoridad judicial competente. Este libro registro será único para todo lo concerniente a la detención del menor, y no se consignará ninguno de sus datos en ningún otro libro de la dependencia.

Regulación normativa: artículo 3.5 RLORPM.

LIQUIDACIÓN DE LA MEDIDA

La liquidación de medida es una actuación que se realiza en sede de ejecución penal, que consiste en determinar el día de inicio y de finalización de la medida impuesta. Ni la LORPM ni el Reglamento regulan su forma y contenido. La liquidación de la medida se practica por el Secretario, partiendo de la sentencia. A través de ella se determina con exactitud el momento inicial y final de la ejecución, abonándose al menor el tiempo de cumplimiento de las medidas cautelares aplicadas. La liquidación tiene que ser aprobada por el Juez, previo informe del Ministerio Fiscal y del letrado del menor y comunicada a la entidad pública de reforma.

Regulación normativa: artículo 46.1 LORPM; artículo 10.1, reglas 6ª y 7ª RLORPM.

Jurisprudencia: AAP Madrid, sec. 4ª, 55/2012, de 8 de mayo (*Tol 3638800*).

M

MAYORÍA DE EDAD DEL CONDENADO

Cuando el menor a quien se le hubiere impuesto una medida conforme a la LORPM alcance la mayoría de edad, continuará el cumplimiento de la medida hasta alcanzar los objetivos propuestos en la sentencia en que se le impuso.

Cuando se trate de una medida de internamiento en régimen cerrado y el menor alcance la edad de dieciocho años sin haber finalizado su cumplimiento, el Juez de Menores, oído el Ministerio Fiscal, el letrado del menor, el equipo técnico y la entidad pública de protección o reforma de menores, podrá ordenar en auto motivado que su cumplimiento se lleve a cabo en un centro penitenciario, conforme al régimen general previsto en la LOGP, si la conducta de la persona internada no responde a los objetivos propuestos en la sentencia.

Cuando las medidas de internamiento en régimen cerrado sean impuestas a quien haya cumplido veintiún años de edad o, habiendo sido impuestas con anterioridad, no hayan finalizado su cumplimiento al alcanzar la persona dicha edad, el Juez de Menores, oídos el Ministerio Fiscal, el letrado del menor, el equipo técnico y la entidad pública de protección o reforma de menores, ordenará su cumplimiento en centro penitenciario, conforme al régimen general previsto en la LOGP, salvo que, excepcionalmente, entienda en consideración a las circunstancias concurrentes que acuerde la modificación o sustitución de la medida o su permanencia en el centro en cumplimiento de tal medida cuando el menor responda a los objetivos propuestos en la sentencia. Cuando pase a cumplir la medida

de internamiento en un centro penitenciario, quedarán sin efecto el resto de medidas impuestas por el Juez de Menores que estuvieren pendientes de cumplimiento sucesivo o que estuviera cumpliendo simultáneamente con la de internamiento, si éstas no fueren compatible con el régimen penitenciario, todo ello sin perjuicio de que excepcionalmente proceda su modificación o sustitución.
La medida de internamiento en régimen cerrado se cumplirá en un centro penitenciario conforme al régimen general previsto en la LOGP siempre que, con anterioridad al inicio de su ejecución, el responsable hubiera cumplido ya, total o parcialmente, bien una pena de prisión impuesta con arreglo al Código Penal, o bien una medida de internamiento ejecutada en un centro penitenciario.

Regulación normativa: artículos 14, 44.3 y 47, apartados 6 y 7, LORPM.

Jurisprudencia: AAJM Burgos, de 18 de noviembre de 2008 y de 11 de mayo de 2012; AJM León de 21 de marzo de 2013; AJM Ávila, de 17 de marzo de 2014; AJM 2 Murcia, de 15 de junio de 2015.

MEDIACIÓN

La mediación es una forma de resolver conflictos entre dos o más personas, utilizando la ayuda de un tercero que, manteniendo la neutralidad, ayuda a los intervinientes en los conflictos a llegar a un acuerdo ventajoso para ambos y cuyo contenido es decidido por las partes. En el ámbito penal de menores la mediación es la forma de promover la conciliación y/o reparación entre el menor y la víctima. Puede producirse durante la instrucción del procedimiento y dar lugar al sobreseimiento del mismo o durante el cumplimiento de la medida y motivar que el Juez de Menores deje sin efecto la misma. Las funciones de mediación se llevarán a cabo por los equipos técnicos adscritos a los Juzgados de Menores, si bien también las entidades públicas de reforma podrán poner a disposición del Ministerio Fiscal y de los Juzgados de Menores los programas necesarios para realizar estas funciones (*Vid.* Modo de llevar a cabo las soluciones extrajudiciales).

Regulación normativa: artículos 19, 27.3 y 51.3 LORPM; artículos 4.1, 5, 8.7 y 15 RLORPM.

Jurisprudencia: AAAP Madrid, sec. 4ª, 31/2002, de 10 de mayo; AAP Tarragona, núm. 269/2007, de 18 de junio; AAP Huelva, sec. 3ª, 227/2010, de 23 de noviembre.

MEDIDAS

La LORPM contempla un catálogo de quince medidas. En la relación de medidas del artículo 7 cabe distinguir las que son auténticas penas juveniles, cuyo fundamento, como la pena, es la culpabilidad, de aquellas otras que son medidas de seguridad juveniles cuya razón de ser es la peligrosidad.

Las clases de medidas susceptibles de ser impuestas a los menores son: medidas privativas de libertad, medidas no privativas de libertad o restrictivas de derechos y medidas terapéuticas.

Para la elección de la medida o medidas adecuadas se atenderá, no solo a la prueba y valoración de los hechos, sino especialmente a la edad, las circunstancias familiares y sociales, la personalidad y el interés del menor.

Cabe la posibilidad de aplicar varias medidas con independencia de que se trate de uno o más hechos. En el caso de cumplimiento de varias medidas hay que tener en cuenta que se cumplirán simultáneamente las medidas no privativas de libertad cuando concurran con otras medidas no privativas de libertad diferentes; la medida de permanencia de fin de semana cuando concurra con otra medida no privativa de libertad; y, finalmente, la amonestación, la privación del permiso de conducir ciclomotores o vehículos a motor, o del derecho de obtenerlo, o de las licencias administrativas para caza o para uso de cualquier tipo de arma y la inhabilitación absoluta, cuando concurran con otra medida diferente.

La imposición de las medidas en el proceso penal de menores no está sujeta a las reglas establecidas en el artículo 66 del CP, sino a criterios que la propia LORPM recoge y que están alejados de consideraciones meramente penológicas.

Regulación normativa: artículo 7 LORPM; artículo 11 RLORPM.

Jurisprudencia: SAP de Madrid 11/2013, de 11 de febrero (*Tol 3413564*); SAP de Málaga 191/2014, de 10 de abril (*Tol 4440509*).

MEDIDAS CAUTELARES

Son aquellas medidas que los Jueces de Menores pueden adoptar durante la tramitación del procedimiento para la custodia y defensa del menor expedientado o para la debida protección de la víctima.
Su adopción corresponde exclusivamente a los Jueces de Menores a solicitud del Ministerio Fiscal, quien puede hacerlo de oficio o a instancia de quien haya ejercitado la acción penal.
Las medidas cautelares que pueden adoptarse son las de internamiento en centro, en el régimen adecuado, libertad vigilada, prohibición de aproximarse o comunicarse con la víctima o con aquellos de sus familiares u otras personas que determine el Juez y la de convivencia con otra persona, familia o grupo educativo.
Para la adopción de una medida cautelar es necesario que existan indicios racionales de la comisión de un delito (no será posible su adopción cuando los hechos tengan naturaleza de falta) y que se de alguna de las siguientes circunstancias: riesgo de eludir u obstruir la acción de la justicia por parte del menor o riesgo de atentar contra los bienes jurídicos de la víctima.
Para la adopción de una medida cautelar de internamiento se tendrá en cuenta la gravedad de los hechos, las circunstancias personales y sociales del menor, la existencia de un peligro cierto de fuga y, especialmente, el que el menor hubiera cometido o no con anterioridad otros hechos graves de la misma naturaleza.

La duración de una medida cautelar de internamiento será de seis meses prorrogable por otros tres. El resto de medidas podrán mantenerse hasta que recaiga sentencia firme (*Vid.* Medidas cautelares en los casos de exención de la responsabilidad).

Regulación normativa: artículos 28 y 29 LORPM; artículos 22 y 29 RLORPM.

Jurisprudencia: STS 146/2014, de 14 de febrero (*Tol 4142635*); AAP Huelva, sec. 1ª, 8/2011, de 10 de enero; AAP Álava, sec. 2ª, 3/2011, de 11 de enero (*Tol 5329869*); AAP Castellón, sec. 1ª, 187/2011, de 19 de abril (*Tol 3566962*); AAAP Lérida, sec. 1ª, 253/2011, de 7 de junio (*Tol 5330186)* y 257/2012, de 31 de mayo (*Tol 5347192*); AAP Santa Cruz de Tenerife, sec. 5ª, 432/2011, de 23 de junio; AAAP Barcelona, sec. 3ª, 527/2012, de 22 de mayo (*Tol 3598128*) y 682/2012, de 3 de julio (*Tol 3562965*); AAP Madrid, sec. 4ª, 202/2012, de 16 de julio (*Tol 3593008*); AAP Tarragona, sec. 2ª, 529/2012, de 9 de agosto (*Tol 3717703*); AJM Valladolid, de 16 de octubre de 2008; AJM Soria, de 9 de abril de 2012.

MEDIDAS CAUTELARES DURANTE EL PROCEDIMIENTO DISCIPLINARIO

El órgano competente para iniciar el procedimiento, por sí o a propuesta del instructor del expediente disciplinario, podrá acordar en cualquier momento del procedimiento, mediante acuerdo motivado, las medidas cautelares que resulten necesarias para asegurar la eficacia de la resolución que pudiera recaer y el buen fin del procedimiento, así como para evitar la persistencia de los efectos de la infracción y asegurar la integridad del expedientado y de otros posibles afectados. Las únicas medidas cautelares que se podrán adoptar serán las previstas como sanción en el RLORPM para la presunta falta cometida. Las medidas quedarán reflejadas en el expediente del menor y deberán ajustarse a la intensidad, proporcionalidad y necesidades de los objetivos que se pretendan garantizar en cada supuesto concreto, y su adopción será notificada al menor y puesta

inmediatamente en conocimiento del Juez de Menores y del Ministerio Fiscal. Si durante la tramitación del procedimiento hubiera alteración de las causas que motivaron la aplicación de estas medidas cautelares, podrán modificarse las medidas adoptadas. En el supuesto de que desaparezcan las causas que motivaron la aplicación de las medidas, se procederá a alzar la medida.
Cuando la sanción que recayera, en su caso, coincida en naturaleza con la medida cautelar impuesta, esta se abonará para el cumplimiento de aquella. Si no coincidiese, se deberá compensar en la parte que se estime razonable, siempre que sea posible.
Las medidas cautelares no podrán exceder del tiempo máximo que corresponda a la sanción prevista, en función de la gravedad de la falta.

Regulación normativa: artículo 80 RLORPM.

Jurisprudencia: STS de 10 de noviembre de 2006, Sala 3ª, Sección 6ª (*Tol 1018735*); AJM Valladolid, de 8 de noviembre de 2007.

MEDIDAS CAUTELARES EN LOS CASOS DE EXENCIÓN DE LA RESPONSABILIDAD

Si en el transcurso de la instrucción que realice el Ministerio Fiscal quedara suficientemente acreditado que el menor se encuentra en situación de enajenación mental o en cualquiera otra de las circunstancias previstas en los apartados 1, 2 ó 3 del artículo 20 del Código Penal, se adoptarán las medidas cautelares precisas para la protección y custodia del menor conforme a los preceptos civiles aplicables, instando en su caso las actuaciones para la incapacitación del menor y la constitución de los organismos tutelares conforme a derecho, sin perjuicio todo ello de concluir la instrucción y de solicitar, en su caso, alguna medida terapéutica adecuada al interés del menor de entre las previstas en la LORPM.

Regulación normativa: artículo 29 LORPM.

MEDIDAS DE INTERNAMIENTO

Son medidas privativas de libertad. La LORPM establece cuatro medidas diferentes de internamiento: internamiento en régimen cerrado, internamiento en régimen semiabierto, internamiento en régimen abierto e internamiento terapéutico en régimen cerrado, semiabierto o abierto

Su ejecución corresponde a las Comunidades Autónomas y a las Ciudades de Ceuta y Melilla, salvo en el caso de medidas acordadas por el Juez de Central de Menores, cuya ejecución corresponderá al Estado, quien podrá establecer convenios con las Comunidades Autónomas y las Ciudades de Ceuta y Melilla.

El cumplimiento se llevará a cabo en centros específicos para menores infractores, diferentes de los previstos en la legislación penitenciaria para la ejecución de las condenas penales y medidas cautelares privativas de libertad. También podrán ejecutarse en centros socio-sanitarios, previa autorización del Juez de Menores, cuando la medida impuesta así lo requiera (*Vid.* Internamiento en régimen cerrado, internamiento en régimen semiabierto, internamiento en régimen abierto e internamiento terapéutico).

Regulación normativa: artículos 7, 28 y 54 a 60 LORPM; artículos 23 a 85 RLORPM.

MEDIDAS DE VIGILANCIA Y SEGURIDAD

Vid. Cacheos, registros con desnudo integral, registro de personas, ropas y enseres y vigilancia y seguridad.

MEDIDAS NO PRIVATIVAS DE LIBERTAD

Son medidas no privativas de libertad las de tratamiento ambulatorio, asistencia a un centro de día, libertad vigilada, prohibición de aproximarse o comunicarse, convivencia con otra persona, familia o grupo educativo, prestaciones en beneficio de la comunidad, realización de tareas socio-educativas, amonestación, privación del permiso de conducir ciclomotores y vehículos a motor, o del derecho a obtenerlo, o de las licencias administrativas para caza o para uso de cualquier tipo de armas e inhabilitación absoluta. Las medidas de libertad vigilada, prohibición de aproximarse o comunicarse con la víctima o con aquellos de sus familiares u otras personas que determine el Juez, y de convivencia con otra persona, familia o grupo educativo podrán imponerse tanto con carácter cautelar como firme. El resto de medidas solo con carácter firme. Cuando los hechos cometidos sean calificados de falta, sólo se podrán imponer las medidas de libertad vigilada, amonestación, permanencia de fin de semana, prestaciones en beneficio de la comunidad, privación del permiso de conducir o de otras licencias administrativas, la prohibición de aproximarse o comunicarse con la víctima o con aquellos de sus familiares u otras personas que determine el Juez y la realización de tareas socio-educativas.

Regulación normativa: artículos 7.1 apartados e), f), h), i), j), k), l), m) y ñ), 9 y 28 LORPM; artículos 16 a 22 RLORPM.

MEDIDAS PRIVATIVAS DE LIBERTAD

Son medidas privativas de libertad las de internamiento en régimen cerrado, internamiento en régimen semiabierto, internamiento en régimen abierto, internamiento terapéutico en régimen cerrado, semiabierto o abierto y permanencia de fin de semana.

Las medidas de internamiento pueden adoptarse tanto con carácter firme como cautelar. La medida de permanencia de fin de semana solo puede adoptarse con carácter firme.

Las medidas de internamiento sólo pueden adoptarse por la comisión de delitos, mientras que la de permanencia de fin de semana tanto por la comisión de delitos como de faltas.

Regulación normativa: artículos 7.1 apartados a), b), c), d) y g), 9 y 28 LORPM; artículos 23 a 29 RLORPM.

MEDIOS DE CONTENCIÓN

Por medios de contención se entienden aquellas acciones o elementos que la LORPM permite que sean usados excepcionalmente para impedir o reprimir determinadas conductas de los menores que, debido a su gravedad, requieren una pronta respuesta.

El uso de los medios de contención se rige por los principios de proporcionalidad y estricta necesidad. La utilización de los mismos debe ser autorizada con carácter previo por el Director del centro o por la persona que la entidad pública haya previsto en su normativa, excepto en los casos de urgencia. Además, se debe comunicar de inmediato al Juez de Menores la adopción de tales medios y los hechos que dieron lugar a ellos así como las circunstancias que aconsejen su mantenimiento.

Los casos de utilización de medios de contención tienen la cuádruple finalidad de:

- Evitar actos de violencia o lesiones en los que puedan verse afectados tanto los propios menores como otras personas.
- Impedir actos de fuga.
- Proteger las instalaciones del centro de daños que puedan causar los menores.
- Vencer actitudes de resistencia activa o pasiva de los menores respecto de las instrucciones del personal del centro.

El RLORPM enumera como concretos medios de contención:

- La contención física personal.
- Las defensas de goma.
- La sujeción mecánica.
- El aislamiento provisional (*Vid.* Contención física personal. Defensas de goma. Sujeción mecánica. Aislamiento provisional).

La naturaleza de los medios de contención es distinta a la de las medidas disciplinarias, pues mientras las de contención tienen fines

preventivos —evitar lesiones, daños, actos de fuga—, las medidas disciplinarias tienen naturaleza represiva o sancionadora.
Los límites a los medios de contención se hallan en la imposibilidad de usar los mismos a las menores que estén embarazadas o que hayan dado a luz en los seis meses anteriores, así como a las madres lactantes o que tengan a sus hijos consigo. Del mismo modo, tampoco se podrán aplicar a los enfermos graves a no ser que pese a la enfermedad puedan actuar de tal modo que supongan un peligro para su integridad o la de otras personas.

Regulación normativa: artículo 59.2 LORPM; artículo 55 RLORPM.

Jurisprudencia: STS de 10 de noviembre de 2006 (*Tol 1018735*); SAP de Salamanca 73/2003, de 26 de noviembre (*Tol 337093*).

MENOR

El término menor puede tener diversos significados en función del ámbito en el que se utilice. Desde una perspectiva civil, la Constitución española, en su artículo 12, establece que los españoles son mayores de edad a los dieciocho años, por lo que, a sensu contrario, son menores aquellos españoles que no han cumplido dicha edad. En consonancia con ello el artículo 315 del Código Civil dice que la mayor edad comienza a los dieciocho años cumplidos.
En el ámbito penal el término menor viene a identificar a la persona menor de dieciocho años susceptible de ser responsable de una infracción de esta naturaleza conforme a lo establecido en la legislación reguladora de la responsabilidad penal de los menores, lo que delimita el concepto a los mayores de catorce años y menores de dieciocho conforme establece el artículo 1 de la LORPM. Este concepto no fue siempre así, y hasta la entrada en vigor de esta norma la minoría de edad penal comprendía a los mayores de doce años y menores de dieciséis, pues a partir de dicha edad se consideraban adultos penalmente.

Regulación normativa: artículo 1 LORPM.

Jurisprudencia: SSTS de 14 de enero de 1988 (*Tol 2351427*), de 24 de septiembre de 1992 (*Tol 398544*) y de 26 de mayo de 1999 (*Tol 14317*).

MENORES DE CATORCE AÑOS

Vid. Régimen de los menores de catorce años.

MINISTERIO FISCAL

Frente al resto de procesos penales regulados en la LECrim y en la legislación procesal penal especial, en la LORPM se atribuye al Fiscal la competencia para instruir. Las competencias del Ministerio Fiscal son principalmente la instrucción del expediente y la defensa del interés del menor.

El Ministerio Fiscal asume el doble rol de instructor-acusador. Ello exige que su actuación se rija, en cada una de estas fases, por distintos principios: el exclusivo de "imparcialidad" en la fase instructora, conforme al cual ha de consignar, no sólo las circunstancias adversas, sino también las favorables para el imputado y el principio "*pro societate*" o de defensa de la sociedad que ha de presidir su actividad como parte acusadora en el juicio oral.

En materia de menores el Ministerio Fiscal tiene encomendadas las siguientes funciones:

1. Defender los derechos de los menores.
2. Vigilar las actuaciones que deban efectuarse en interés de los menores.
3. Observar las garantías del procedimiento, dirigiendo la investigación.
4. Ordenar a la Policía Judicial la práctica de las actuaciones
5. Impulsar el procedimiento.

Regulación normativa: artículos 6, 16, 17, 18 y 19 LORPM; artículo 105 LECrim; artículos 3.13 y 20.3 EOMF.

MODELO INDIVIDUALIZADO DE INTERVENCIÓN

Sustituye al programa individual de ejecución en las medidas de internamiento cautelar para salvaguardar y respetar el principio de presunción de inocencia. Deberá contener una planificación de actividades adecuadas a las características y circunstancias personales del menor, ser compatible con su régimen de internamiento y con su situación procesal. Deberá someterse a la aprobación del Juez de Menores, conforme a lo previsto en el artículo 44 de la LORPM.

Regulación normativa: artículo 29 RLORPM.

MODERACIÓN DE LA RESPONSABILIDAD CIVIL

La LORPM establece, con carácter general, la responsabilidad solidaria de los padres, tutores, acogedores y guardadores legales o de hecho junto con el menor respecto de los daños y perjuicios causados por éste, contemplando, con carácter excepcional, la posibilidad de moderación de dicha responsabilidad solidaria de los padres, tutores, acogedores y guardadores legales o de hecho en aquellos casos en los cuales éstos no hubieren favorecido la conducta del menor con dolo o negligencia grave. Tal posibilidad de moderación se establece, con carácter excepcional frente a aquel carácter general con el que se contempla la responsabilidad solidaria de los padres, de modo que esa posibilidad de moderación ha de ser valorada en el sentido de que únicamente cabe aplicarla en el caso de que se haya probado en las actuaciones que los padres no hubieran favorecido la conducta del menor con dolo o negligencia grave, prueba ésta cuya carga incumbe, dado tal carácter excepcional, a los propios padres que la aleguen.

En conclusión, esa moderación de responsabilidad de los padres al amparo del artículo 61.3 de la Ley Orgánica 5/2000, únicamente puede aplicarse cuando haya quedado acreditado que los mismos no hubieren favorecido la conducta del menor con dolo o negligencia grave. En consecuencia cabe mantener que corresponde a los padres probar de forma cumplida, clara e indiscutible, para que pueda moderarse la responsabilidad solidaria legalmente establecida, haber actuado con la diligencia debida para evitar la actuación delictiva del menor.

Esta moderación es en el importe de la cuantía de la reparación o de la indemnización de los perjuicios sufridos por la víctima.

Regulación normativa: artículo 61.3 LORPM; artículos 1902 y 1903 CC.

Jurisprudencia: SAP de Madrid 121/2014, de 26 de marzo (*Tol 4206208*); SAP de Guadalajara 80/2014, de 9 de octubre (*Tol 4564870*); SAP de Jaén 71/2015, de 7 de marzo (*Tol 5005969*); SAP de Burgos 110/2015, de 27 de marzo (*Tol 4836768*); SAP de Madrid 272/2015, 26 de mayo (*Tol 5196488*).

MODIFICACIÓN DE LA MEDIDA IMPUESTA

El Juez competente para la ejecución, de oficio o a instancia del Ministerio Fiscal o del letrado del menor, previa audiencia de éstos e informe del equipo técnico y, en su caso, de la entidad pública de protección o reforma de menores, podrá en cualquier momento dejar sin efecto la medida impuesta, reducir su duración o sustituirla por otra, siempre que la modificación redunde en el interés del menor y se exprese suficientemente a éste el reproche merecido por su conducta. El Juez resolverá por auto motivado, contra el cual se podrán interponer los recursos previstos en la LORPM.

Las medidas de internamiento en régimen cerrado, impuestas a mayores de 16 años por la comisión de delitos de extrema gravedad previstos en el artículo 10.1.b) de la LORPM, o de delitos tipificados en los artículos 138, 139, 179, 180 y 571 a 580 del Código Penal, o de cualquier otro delito que tenga señalada pena de prisión igual o superior a quince años, a los que hace referencia el artículo 10.2.b) de la LORPM, no se podrán modificar hasta transcurrido el primer año de cumplimiento en el primer caso, y hasta transcurrida la mitad de la medida de internamiento impuesta en el segundo (*Vid.* Sustitución de las medidas).

Regulación normativa: artículos 10.1.b), 10.2.b), 13 y 51 RLORPM.

Jurisprudencia: AAP Madrid, sec. 4ª, 93/2011, de 8 de junio (*Tol 3658668*).

MODO DE LLEVAR A CABO LAS SOLUCIONES EXTRAJUDICIALES

El artículo 5 del RLORPM desarrolla el modo de llevar a cabo las soluciones extrajudiciales, siendo de aplicación al procedimiento de mediación previsto en el artículo 19 de la LORPM y que también podrá ser aplicable al previsto en el artículo 51.3.

En el supuesto previsto en el artículo 19 se procederá del siguiente modo: a) Si el Ministerio Fiscal, a la vista de las circunstancias concurrentes o a instancia del letrado del menor, apreciara la posibilidad de desistir de la continuación del expediente, solicitará del equipo técnico informe sobre la conveniencia de adoptar la solución extrajudicial más adecuada al interés del menor y al de la víctima. b) Recibida la solicitud por el equipo técnico, citará a su presencia al menor, a sus representantes legales y a su letrado defensor. c) El equipo técnico expondrá al menor la posibilidad de solución extrajudicial prevista en el artículo 19 de la LORPM, y oirá a sus representantes legales. Si, con audiencia de su letrado, el menor aceptara alguna de las soluciones que el equipo le propone, a ser posible en el mismo acto, se recabará la conformidad de sus representantes legales. Si el menor o sus representantes legales manifestaran su negativa a aceptar una solución extrajudicial, el equipo técnico lo comunicará al Ministerio Fiscal e iniciará la elaboración del informe al que alude el artículo 27 de la LORPM. d) El equipo técnico se pondrá en contacto con la víctima para que manifieste su conformidad o disconformidad a participar en un procedimiento de mediación, ya sea a través de comparecencia personal ante el equipo técnico, ya sea

por cualquier otro medio que permita dejar constancia. Si la víctima fuese menor de edad o incapaz, este consentimiento deberá ser confirmado por sus representantes legales y ser puesto en conocimiento del Juez de Menores competente. e) Si la víctima se mostrase conforme a participar en la mediación, el equipo técnico citará a ambos a un encuentro para concretar los acuerdos de conciliación o reparación. No obstante, la conciliación y la reparación también podrán llevarse a cabo sin encuentro, a petición de la víctima, por cualquier otro medio que permita dejar constancia de los acuerdos. f) No siendo posible la conciliación o la reparación directa o social, o cuando el equipo técnico lo considere más adecuado al interés del menor, propondrá a este la realización de tareas socioeducativas o la prestación de servicios en beneficio de la comunidad. g) El equipo técnico pondrá en conocimiento del Ministerio Fiscal el resultado del proceso de mediación, los acuerdos alcanzados por las partes y su grado de cumplimiento o, en su caso, los motivos por los que no han podido llevarse a efecto los compromisos alcanzados por las partes, a efectos de lo dispuesto en el artículo 19.4 y 5 de la LORPM.
Igualmente se seguirá este procedimiento, cuando conforme a lo previsto en el artículo 27.3 de la LORPM, el equipo técnico considera conveniente que el menor efectúe una actividad reparadora o de conciliación con la víctima

Regulación normativa: artículo 5 RLORPM.

MÓDULO

Es una unidad arquitectónica residencial independiente integrada en un centro que cuenta con las dependencias básicas para realizar la vida en el centro.
Los Centros de Menores están divididos en módulos en atención a una serie de factores como son la edad, madurez, necesidades y habilidades sociales de los menores internados, lo que permitirá de-

sarrollar más adecuadamente los programas educativos (*Vid.* Separación interior).

Regulación normativa: artículo 54.3 LORPM; artículo 33 RLORPM.

N

NECESIDAD DE PROCEDIMIENTOS SANCIONADORES

Señala la LORPM que los menores internados podrán ser corregidos disciplinariamente de acuerdo con el procedimiento establecido reglamentariamente, indicando el RLORPM que para la imposición de sanciones por faltas graves y muy graves será preceptiva la observancia del procedimiento regulado en sus artículos 71 a 78, y que para las sanciones impuestas por faltas leves podrá seguirse el procedimiento abreviado previsto en su artículo 79.

Regulación normativa: artículo 60.1 LORPM; artículo 70 RLORPM.

NO RETORNO AL CENTRO

Vid. Fuga del centro.

NORMAS PARA EL CUMPLIMIENTO DE LAS SANCIONES

Vid. Concurso de infracciones y normas para el cumplimiento de las sanciones.

NORMATIVA DE FUNCIONAMIENTO INTERNO

Conjunto de normas que rigen la vida de los centros destinados a la ejecución de medidas de internamiento, señalando la LORPM que el cumplimiento tendrá como finalidad la consecución de una

convivencia ordenada, que permita la ejecución de los diferentes programas de intervención educativa y las funciones de custodia de los menores internados. A estas funciones el RLORPM ha añadido la de asegurar la igualdad de trato a todos los menores, prestando especial atención a aquellos que presenten alguna discapacidad.
Su cumplimiento aparece configurado en la LORPM como uno de los deberes de los menores internados a quienes se reconoce el derecho a ser informados de estas normas, debiendo recibir a su ingreso información escrita sobre las mismas.
El incumplimiento de los deberes establecidos en la normativa de funcionamiento interno podrá ser objeto de corrección educativa siempre que no tenga como fundamento la seguridad y el buen orden del centro. En este caso, si la conducta también fuese constitutiva de una infracción disciplinaria por atentar a la seguridad y al buen orden del centro, podrá ser objeto de la correspondiente sanción, que en ningún caso podrá extenderse al fundamento o motivo de la corrección educativa.

Regulación normativa: artículos 54.3, 56.2.l), 57.c) y 58.1 LORPM; artículos 30, 32.6, 33.1, 44.4, 63.i), 63.k), 64 c) y 64.f) RLORPM.

Jurisprudencia: STS de 10 de noviembre de 2006, Sala 3ª, Sección 6ª (*Tol 1018735*).

O

OBJETOS PROHIBIDOS

En cada centro de menores ha de haber una lista de objetos y sustancias cuya tenencia se considera prohibida por razones de seguridad, orden o finalidad del centro.
El RLORPM considera objetos o sustancias prohibidos:
- Las bebidas alcohólicas.
- Las drogas tóxicas, estupefacientes o sustancias psicotrópicas.

- Cualquier otro producto o sustancia tóxica.
- El dinero de curso legal en cuantía que supere lo establecido en la norma de régimen interior del centro.
- Cualquier material o utensilio que pueda resultar peligroso para la vida o integridad física o la seguridad del centro.
- Aquellos previstos por la normativa de funcionamiento interno de los centros.

En el caso de que se encontraran a los menores, drogas tóxicas, armas u otros objetos peligrosos, éstos se pondrán a disposición de la Fiscalía o del Juzgado competente.

Regulación normativa: artículo 30.2.d) RLORPM.

OBLIGACIONES DEL MENOR EN LIBERTAD VIGILADA

Vid. Libertad vigilada.

OFENDIDO

Vid. Perjudicado y víctima.

OTROS MEDIOS DE CONTROL ADECUADOS

Señala el RLORPM que si el resultado del registro de un menor con desnudo integral fuese infructuoso y persistiese la sospecha, se podrá solicitar por el director del centro a la autoridad judicial competente la autorización para la aplicación de otros medios de control adecuados.

Regulación normativa: artículo 54.5.e) RLORPM.

Jurisprudencia: STC 35/1996, de 11 de marzo (*Tol 82970*).

P

PAQUETES Y ENCARGOS

Los menores internados podrán enviar y recibir paquetes sin ningún tipo de limitación, salvo prohibición expresa del Juez. El contenido de los que se pretendan enviar o el de los recibidos será revisado en su presencia para comprobar que lo enviado pertenece legítimamente al menor y para evitar, en los recibidos, la entrada de objetos o sustancias prohibidos o en deficientes condiciones higiénicas. La recepción de paquetes dirigidos a los menores internados se llevará a cabo previa comprobación de la identidad de quien lo deposita. Para el examen del contenido de los paquetes podrán utilizarse medios electrónicos.

Regulación normativa: artículos 44 y 54.3 RLORPM.

Jurisprudencia: STS de 10 de noviembre de 2006, Sala 3ª, Sección 6ª (*Tol 1018735*).

PASE AL SISTEMA PENITENCIARIO

Vid. Mayoría de edad del condenado.

PATRIA POTESTAD

Los hijos no emancipados están bajo la potestad de los padres.

La patria potestad se ejercerá siempre en beneficio de los hijos, de acuerdo con su personalidad, y con respeto a su integridad física y psicológica.

En el proceso penal de menores, la declaración del menor detenido exige legalmente que se realice en presencia de su letrado y de aquellos que ejerzan la patria potestad, tutela o guarda del menor (*Vid.* Representante legal).

Regulación normativa: artículos 17.2 y 61.3 LORPM; artículo 3.2 RLORPM; artículos 154 y ss. CC.

PERJUDICADO

Perjudicado es toda persona que haya sufrido un perjuicio patrimonial o moral con la infracción penal.
El papel del perjudicado como de la víctima cobra especial protagonismo tras la reforma de la LORPM. Por un lado, se incrementa la participación de ambos en el procedimiento penal, por otra, tienen una serie de derechos como el derecho a ser informados de su derecho a personarse en el expediente, pudiendo conocer las actuaciones procesales e instar la práctica de diligencias y, sobre todo, se les informará de la marcha del procedimiento, tanto si se desiste de él como de la posible sentencia, que le será notificada por escrito a la víctima y perjudicado por la infracción penal, incluso aunque no hubieran llegado a personarse en el expediente (*Vid.* Víctima).
Se atribuye al Fiscal y al Juez de Menores la obligación de velar por los derechos de las víctimas y perjudicados de las infracciones cometidas por los menores (*Vid.* Derechos de las víctimas y de los perjudicados).

Regulación normativa: artículo 4 LORPM.

PERMANENCIA DE FIN DE SEMANA

Medida privativa de libertad, que puede adoptarse tanto por la comisión de delitos como de faltas. No puede adoptarse con carácter cautelar.
Los menores sometidos a esta medida permanecerán en su domicilio o en un centro hasta un máximo de treinta y seis horas entre la tarde o noche del viernes y la noche del domingo, a excepción, en su caso, del tiempo que deban dedicar a las tareas socio-educativas asignadas por el Juez, que deban llevarse a cabo fuera del lugar de

permanencia. Es adecuada para menores que cometen actos de vandalismo o agresiones leves en los fines de semana. En la práctica combina elementos del arresto de fin de semana y de la medida de tareas socio-educativas o prestaciones en beneficio de la comunidad.

Regulación normativa: Exposición de Motivos (nº 21) y artículo 7.1.g) LORPM; artículo 28 RLORPM.

Jurisprudencia: SAP Vizcaya, 1ª, 9/2015, de 18 de febrero (*Tol 4947781*).

PERMANENCIA EN EL SISTEMA DE JUSTICIA JUVENIL

Vid. Edad y mayoría de edad del condenado.

PERMISOS DE MENORES SOMETIDOS A MEDIDA CAUTELAR DE INTERNAMIENTO

Vid. Salidas y permisos de menores sometidos a medida cautelar de internamiento.

PERMISOS DE MENORES SOMETIDOS A MEDIDA DE INTERNAMIENTO TERAPÉUTICO

Vid. Salidas y permisos de menores sometidos a medida de internamiento terapéutico.

PERMISOS DE SALIDA EXTRAORDINARIOS

Permisos cuya finalidad es humanitaria y están previstos para casos de fallecimiento o enfermedad grave de los padres, cónyuge, hijos, hermanos u otras personas íntimamente vinculadas con los menores o de nacimiento de un hijo, así como por importantes y comprobados motivos de análoga naturaleza. Se concederán, con las medidas de seguridad adecuadas en su caso, salvo que concurran circunstancias excepcionales que lo impidan. Su duración vendrá determinada por su finalidad y no podrá exceder de cuatro días. La concesión compete al director del centro o al órgano que la entidad pública haya establecido en su normativa. De su concesión se dará cuenta al Juez de Menores competente, siendo necesaria su autorización expresa cuando se trate de menores internados en régimen cerrado.

Regulación normativa: artículos 55.3 y 56.2.h) LORPM; artículo 47 RLORPM.

PERMISOS DE SALIDA ORDINARIOS

Los permisos de salida ordinarios son aquellos permisos vinculados a la preparación del menor para la vida en libertad y son un elemento importante en el programa de intervención. Pueden disfrutar de ellos los menores internados por sentencia en régimen abierto o semiabierto, siempre que concurran los requisitos que más adelante se señalan. Su duración será de un máximo de 60 días por año para los internados en régimen abierto y de un máximo de 40 días por año para los internados en régimen semiabierto, distribuidos proporcionalmente en los dos semestres del año, no computándose dentro de estos topes los permisos extraordinarios, ni las salidas de fin de semana ni las salidas programadas. La duración máxima de cada permiso no excederá nunca de 15 días. Cuando se trate de menores que se encuentren en el período de la enseñanza básica obligatoria, no se podrán conceder permisos ordinarios de salida en días que sean lectivos según el calendario escolar oficial, haciéndose la distribución en los días en que se interrumpa la actividad escolar. Son requisitos imprescindibles para la concesión de permisos ordinarios de salida los siguientes: a) La petición previa del menor. b) Que no se encuentre cumpliendo o pendiente de cumplir sanciones disciplinarias por faltas muy graves o graves. c) Que participe en las actividades previstas en su programa individualizado de ejecución de la medida. d) Que se hayan previsto los permisos en el programa individualizado de ejecución de la medida o en sus modificaciones posteriores, aprobados por el Juez de Menores competente. e) Que en el momento de decidir la concesión el menor no se encuentre imputado en un nuevo hecho constitutivo de infracción penal. f) Que no exista respecto del menor internado un pronóstico desfavorable del centro por la existencia de variables cualitativas que indiquen el probable quebrantamiento de la medida, la comisión de nuevos hechos delictivos o una repercusión negativa de la salida sobre el menor desde la perspectiva de su preparación para la vida en libertad o de su programa individualizado de ejecución de la medida. La concesión del permiso compete al director del centro o al órgano que la entidad pública haya establecido en su normativa, y se disfrutará en las fechas, con la duración y en las condiciones establecidas. De la concesión, o denegación en su caso, del permiso, de las condiciones, duración y fechas de disfrute se dará cuenta al Juez de Menores competente. Cuando se acuerde denegar o suspender el permiso se notificará al menor, quien podrá recurrir la decisión conforme a lo dispuesto en el artículo 52 de la LORPM.

Los menores internados por sentencia firme en régimen cerrado, una vez cumplido el primer tercio del período de internamiento, cuando la buena evolución personal durante la ejecución de la medida lo justifique y ello favorezca el proceso de reinserción social, y cumplan los requisitos imprescindibles antes señalados, podrán disfrutar de hasta 12 días de permiso al año, con una duración máxima de hasta cuatro días, cuando el Juez de Menores competente lo autorice.

Regulación normativa: artículos 55.3 y 56.2.h) LORPM; artículo 45 RLORPM.

Jurisprudencia: SSTC 112/1996, de 24 de junio (*Tol 104645*), 75/1998, de 31 de marzo (*Tol 64225*), 76/1999, de 26 de abril (*Tol 64220*), 65/2002, de 11 de marzo (*Tol 80821*), 24/2005, de 14 de febrero (*Tol 579122*), 235/2005, de 26 de septiembre (*Tol 719586*) y 7/2006, de 16 de enero (*Tol 817414*); STS de 10 de noviembre de 2006, Sala 3ª, Sección 6ª (*Tol 1018735*); AAAP Sevilla, sec. 3ª, 85/2005, de 22 de febrero (*Tol 651526*) y 160/2005, de 4 de abril (*Tol 651366*); AAAP Madrid, sec. 4ª, 105/2004, de 1 de septiembre (*745277*) y 184/2004, de 20 de diciembre (*Tol 745471*).

PERMISOS Y SALIDAS

En el catálogo de los derechos de los menores internados contenido en la LORPM se encuentra el derecho del menor a disfrutar de salidas y permisos.

La posibilidad de conceder permisos y salidas a los menores internados se conecta con una de las finalidades esenciales de la medida de internamiento, la resocialización.

Tanto las salidas como los permisos ayudan al menor a reintegrarse en la sociedad, la vida familiar y la educación o el trabajo después de ser puestos en libertad. Medidas que evitan el desarraigo familiar y social del menor y su desocialización.

El artículo 55.3 de la LORPM establece que reglamentariamente se fijarán los permisos ordinarios y extraordinarios de los que pondrán disfrutar los menores internados, consagrando el artículo 56 su derecho a disfrutar de salidas y permisos con arreglo a lo dispuesto en la propia Ley y en sus normas de desarrollo. El RLORPM ha desarrollado los permisos y salidas que pueden disfrutar los menores internados estableciendo cuatro tipos diferentes: permisos ordinarios, permisos extraordinarios, salidas de fin de semana y salidas programadas. Además incorpora normas específicas relativas a las salidas y permisos de menores sometidos a medida cautelar de internamiento y de menores en internamiento terapéutico.

Regulación normativa: artículos 55.3 y 56.2.h) LORPM; artículos 45 a 52 RLORPM.

Jurisprudencia: AAP de Madrid 18/2002, de 15 de marzo.

PETICIONES

La LORPM reconoce el derecho de los menores internados a formular peticiones a la Dirección del centro, a la entidad pública, a las autoridades judiciales, al Ministerio Fiscal y al Defensor del Pueblo o institución análoga de su Comunidad Autónoma. Los menores deberán recibir a su ingreso información escrita sobre los medios para formular peticiones, en un idioma que entiendan o por otro medio adecuado cuando tengan dificultad para comprender el contenido de la información. Las peticiones podrán formularse verbalmente o por escrito y en sobre abierto o cerrado y podrán presentarse al Director del centro, el cual las atenderá si son de su competencia o las pondrá en conocimiento de la entidad pública o autoridades competentes en el plazo más breve posible. Las peticiones que presenten los menores a través del centro o la entidad pública serán registradas. La tramitación que se le haya dado y, en su caso, la resolución adoptada se comunicará al menor, con indicación de los recursos que procedan. El RLORPM extiende la posibilidad de formular peticiones a los representantes legales de los menores. Entre las funciones de los Jueces de Menores la LORPM señala el acordar lo que proceda en relación a las peticiones que puedan plantear los menores sobre el régimen, el tratamiento o cualquier otra circunstancia que pueda afectar a sus derechos fundamentales.

Regulación normativa: artículos 44.2.f), 56.2.k) y 58.2 LORPM; artículos 32.6 y 57 RLORPM.

PLURALIDAD DE FALTAS E INFRACCIÓN CONTINUADA

Cuando un mismo hecho sea constitutivo de dos o más faltas disciplinarias o cuando una de estas sea medio necesario para la comisión de otra, se impondrá al menor una sola sanción teniendo en cuenta la más grave de las faltas cometidas.

Cuando se trate de una infracción continuada, se impondrá al menor una sola sanción teniendo en cuenta la más grave de las faltas cometidas.

Regulación normativa: artículo 69 RLORPM.

PLURALIDAD DE INFRACCIONES

El artículo 11 de la LORPM establece unos límites máximos de la medida o medidas a imponer para los supuestos de concurso real de infracciones cuando éstas sean conexas, infracciones continuadas y concurso ideal de infracciones.
En la fijación de ese límite distingue entre un supuesto general y otro agravado para aquellos casos en que algunos de los delitos se correspondan con los previstos en los arts. 138, 139, 179, 180 y 571 a 580 del Código Penal y con delitos que tengan señalada pena de prisión igual o superior a quince años.
Con carácter general los límites máximos establecidos en el artículo 9 (hechos tipificados como faltas y duración general de las medidas) y en el apartado 1 del artículo 10 (hechos susceptibles de ser sancionados con medida de internamiento en régimen cerrado) serán aplicables, con arreglo a los criterios establecidos en el artículo 7, apartados 3 y 4 (reglas generales para la elección de la medida o medidas adecuadas), aunque el menor fuere responsable de dos o más infracciones, en el caso de que éstas sean conexas o se trate de una infracción continuada, así como cuando un sólo hecho constituya dos o más infracciones. No obstante, en estos casos, el Juez, para determinar la medida o medidas a imponer, así como su duración, deberá tener en cuenta, además del interés del menor, la naturaleza y el número de las infracciones, tomando como referencia la más grave de todas ellas.
Cuando alguno o algunos de los hechos fueren de los mencionados en el artículo 10.2 de la LORPM (delitos previstos en los arts. 138, 139, 179, 180 y 571 a 580 del Código Penal y delitos que tengan

señalada pena de prisión igual o superior a quince años), el límite máximo de la medida de internamiento en régimen cerrado se incrementa en función de la edad del menor, sin perjuicio de la medida de libertad vigilada que, de forma complementaria, corresponda imponer: a) hechos cometidos por menores que tengan 16 y 17 años: el internamiento podrá alcanzar una duración máxima de 10 años; b) hechos cometidos por menores que tengan 14 y 15 años: el internamiento podrá alcanzar una duración máxima de 6 años.

Si las infracciones hubieran sido objeto de diferentes procedimientos, el último Juez sentenciador señalará la medida o medidas que deba cumplir el menor por el conjunto de los hechos, dentro de los límites y con arreglo a los criterios expresados.

Regulación normativa: artículo 11 LORPM.

Jurisprudencia: SSTS 548/2000 de 30 de marzo (*Tol 4922797*), 722/2000 de 25 de abril (*Tol 4922681*), 1265/2000 de 6 de julio (*Tol 4924783*), 860/2004 de 30 de junio (*Tol 483623*), 931/2005 de 14 de julio (*Tol 685613*), 1005/2005 de 21 de julio (*Tol 703369*), 1010/2005 de 12 de septiembre (*Tol 701456*), 1167/2005 de 19 de octubre (*Tol 731532*); SJM Valladolid, 83/2012, de 26 de marzo.

PLURALIDAD DE MEDIDAS IMPUESTAS

El Juez puede imponer al menor una o varias medidas de las previstas en la Ley con independencia de que se trate de uno o más hechos pero, en ningún caso, podrá imponer a un menor en una misma resolución más de una medida de la misma clase.

En los casos de pluralidad de medidas las mismas deben cumplirse, cuando sea posible, de forma simultánea.

Si el Juez impone al menor varias medidas en la misma resolución judicial, y no fuese posible su cumplimiento simultáneo, el Juez ordenará su cumplimiento sucesivo teniendo en cuenta que la medida de internamiento terapéutico se ejecutará con preferencia a cualquier otra; la medida de internamiento en régimen cerrado se ejecutara con preferencia al resto de las medidas de internamiento; la medida de internamiento se cumplirá antes que las no privativas de libertad, y en su caso interrumpirá la ejecución de éstas y las medidas de libertad vigilada que complementa un internamiento en régimen cerrado, se ejecutarán una vez finalizado el internamiento en régimen cerrado.

Regulación normativa: artículos 7.4 y 47 LORPM; artículo 11 RLORPM.

Jurisprudencia: SAP de Málaga 91/2014, de 24 de marzo (*Tol 4440400*).

POLICÍA JUDICIAL

La función de la Policía Judicial comprende el auxilio a los Juzgados y Tribunales y al Ministerio Fiscal en la averiguación de los delitos y en el descubrimiento y aseguramiento de los delincuentes. Esta función competerá, cuando fueren requeridos para prestarla, a todos los miembros de las Fuerzas y Cuerpos de Seguridad, tanto si dependen del Gobierno central como de las Comunidades Autónomas o de los entes locales, dentro del ámbito de sus respectivas competencias. La Policía Judicial en la investigación de los hechos cometidos por menores actúa bajo la dirección del Ministerio Fiscal.
Actualmente en todas las Brigadas Provinciales de Policía Judicial y, en su caso, las Comisarías Locales, normalmente se cuenta con Grupos o Equipos especializados en el tratamiento policial de menores (*Vid.* GRUME).

Regulación normativa: artículo 6 LORPM; artículos 2 y 3 RLORPM; artículos 547 a 550 LOPJ; artículos 282 y ss. LECrim.

PRESCRIPCIÓN DE FALTAS Y SANCIONES

Las faltas disciplinarias muy graves prescriben al año, las graves a los seis meses y las leves a los dos meses. El plazo de prescripción comienza a contar desde la fecha de la comisión de la infracción, in-

terrumpiéndose a partir del momento en que, con conocimiento del menor, se inicia el procedimiento disciplinario, volviendo a iniciarse el cómputo de la prescripción desde que se paralice el procedimiento durante un mes por causa no imputable al presunto infractor.
Las sanciones impuestas por faltas muy graves, graves y leves prescriben, respectivamente, en los mismos plazos señalados anteriormente para las faltas. El plazo de prescripción empieza a contar desde el día siguiente a aquel en que adquiera firmeza el acuerdo sancionador o desde que se levante el aplazamiento de la ejecución o la suspensión de la efectividad, o desde que se interrumpa el cumplimiento de la sanción si este hubiese ya comenzado.

Regulación normativa: artículo 84 RLORPM.

PRESCRIPCIÓN DE LAS MEDIDAS

En la justicia penal juvenil también se reduce el plazo de prescripción de las medidas frente al general previsto en los artículos 133 y 135 CP para las penas y medidas de seguridad respectivamente.
Las medidas que tengan una duración superior a los dos años prescriben a los tres años. Las restantes medidas prescriben a los dos años, excepto la amonestación, las prestaciones en beneficio de la comunidad y la permanencia de fin de semana, que prescriben al año.

Regulación normativa: artículo 15.2 LORPM; artículos 133 y 134 CP.

PRESCRIPCIÓN DEL DELITO

La figura de la prescripción en el ámbito penal se define como el efecto del transcurso del tiempo en el procedimiento, extinguiendo la responsabilidad declarada o posible sobre los hechos de los que versa. Para ello son necesarios dos requisitos: 1º) el transcurso de los plazos legalmente fijados en el CP o en la LORPM; y 2º) la ausencia en ese periodo de acto alguno de fondo y trascendente que se pueda interpretar como de impulso real de las actuaciones.

La prescripción de las infracciones cometidas por menores tiene como única especialidad en la LORPM los plazos previstos en su artículo 15.1, pues el resto (cómputo, interrupción de la prescripción, etc.) debe integrarse supletoriamente a partir de lo previsto en el artículo 132 CP y la doctrina de la Sala 2ª del TS.

Esos plazos son sustancialmente más breves que los correlativos del artículo 131 CP, en consonancia con los objetivos de celeridad y reeducación propios de la Justicia Juvenil. Únicamente, y como excepción, rigen los mismos plazos del CP para los delitos de máxima gravedad del artículo 10.2 LORPM (artículo 15.1.1ª).

La LORPM consagra, en definitiva, dos regímenes en materia de prescripción dependiendo del delito que se impute al menor. Por un lado, para los supuestos agravados del artículo 10.2 se aplican los plazos de prescripción del delito previstos en el CP, remitiendo al artículo 131 CP para los casos de homicidio, asesinato, agresión sexual, delitos de terrorismo y cualesquiera otros sancionados con penas de prisión igual o superior a quince años.

Por otro lado, la LORPM incorpora sus propios plazos de prescripción:

1. A los cinco años, cuando se trate de un delito grave sancionado en el CP con una pena superior a diez años.
2. A los tres años, cuando se trate de cualquier otro delito grave.
3. Al año, cuando se trate de un delito menos grave.
4. A los tres meses cuando se trate de una falta.

No hay, sin embargo, previsión alguna en la LORPM en cuanto al cómputo de los plazos para la prescripción y su interrupción por lo que es de aplicación supletoria el artículo 132 del CP en cuyo apartado primero se dispone con relación a los plazos que estos se computarán desde el día en que se haya cometido la infracción punible. En los casos de delito continuado, delito permanente, así como las infracciones que exijan habitualidad tales términos se computarán respectivamente desde el día en que se cometió la última infracción, desde que se eliminó la situación ilícita o desde que cesó la conducta. En el propio precepto se establece una previsión aplicable respecto a determinadas figuras delictivas si la víctima es menor de edad, el plazo de prescripción comenzará a computar desde el día en que ésta alcance la mayoría de edad, o de haber fallecido antes, desde el día del fallecimiento.

El cómputo del plazo de prescripción se interrumpirá, quedando sin efecto el tiempo transcurrido, cuando el procedimiento se dirija contra la persona indiciariamente responsable del delito o falta, comenzando a correr de nuevo desde que se paralice el procedimiento o termine sin condena. En el procedimiento de menores dado que está encomendada la instrucción al Ministerio Fiscal, la prescripción se interrumpirá desde que por parte de éste se incoe el expediente.

La falta de unanimidad jurisprudencial en este tema llevó a la Circular de la Fiscalía General del Estado 9/2011, a defender la tesis conforme a la cual el decreto de incoación del expediente dictado por el Fiscal, en cuanto instructor, constituye el primer acto interruptivo de la prescripción y es plenamente equiparable a la resolución judicial del Juez instructor exigida por el artículo 132.2 del Código Penal.

Sin embargo, otras sentencias no aceptan esa tesis principal de la Circular 9/2011, sino que se adscriben a la tesis alternativa allí sostenida, conforme a la que el auto de incoación de expediente dictado por el Juzgado de Menores sí interrumpe la prescripción.

Regulación normativa: artículo 15.1 LORPM; artículos 131 y 132 CP.

Jurisprudencia: SSTC 157/1990, de 18 de octubre (*Tol 81835*), 206/2003, de 1 de diciembre (*Tol 334697*); SAP de Santa Cruz de Tenerife 111/2011, de 7 de marzo (*Tol 2144489*); SAP de Tarragona 545/2012, de 8 de noviembre (*Tol 3010914*); SAP de Murcia 230/2014, de 30 de junio (*Tol 4557199*); SAP de Barcelona 735/2014, de 20 de octubre (*Tol 4580314*); SAP de Lleida 46/2015, de 11 de febrero (*Tol 4848836*); SAP de Madrid 148/2015, de 26 de marzo (*Tol 4833159*); SAP de Lugo 106/2015, de 28 de mayo (*Tol 5166089*).

PRESTACIONES EN BENEFICIO DE LA COMUNIDAD

Medida no privativa de libertad, que puede adoptarse sólo con carácter firme, tanto por la comisión de delitos como de faltas.

La medida consiste en realizar una actividad, durante un número de sesiones previamente fijado, bien sea en beneficio de la colectividad en su conjunto, o de personas que se encuentren en una situación de precariedad por cualquier motivo. En consonancia con el artículo 25.2 de la Constitución, no podrá imponerse sin el consentimiento del menor.

En la ejecución de la medida se procurará, preferentemente, relacionar la naturaleza de la actividad en que consista la prestación con la de los bienes jurídicos afectados por los hechos cometidos por el menor.

Los menores sometidos a esta medida han de realizar las actividades no retribuidas que se le indiquen, de interés social o en beneficio de personas en situación de precariedad.

Las actividades que realicen los menores deberán reunir las condiciones siguientes: a) han de tener un interés social o realizarse en beneficio de personas en situación de precariedad; b) estarán relacionadas, preferentemente, con la naturaleza del bien jurídico lesionado por los hechos cometidos por el menor; c) no podrán atentar a la dignidad del menor; d) no estarán supeditadas a la consecución de intereses económicos.

Aunque las prestaciones no serán retribuidas, el menor podrá ser indemnizado por la entidad a beneficio de la cual se haga la prestación por los gastos de transporte y, en su caso, de manutención, salvo que estos servicios los preste dicha entidad o sean asumidos por la entidad pública.

La entidad pública de reforma es la responsable de proporcionar las actividades de interés social o en beneficio de personas en situación de precariedad que el menor haya de realizar para la ejecución de la medida, sin perjuicio de los convenios o acuerdos de colaboración que al efecto haya suscrito con otras entidades públicas o privadas sin ánimo de lucro.

Durante la relación de la protección los menores estarán protegidos, estableciéndose un doble régimen en función de su edad: a) los mayores de dieciséis años gozarán de la misma protección prevista en materia de Seguridad Social para los sometidos a la pena de trabajo en beneficio de la comunidad por la legislación penitenciaria y estarán protegidos por la normativa laboral en materia de prevención de riesgos laborales; b) a los menores de dieciséis años la entidad pública deberá garantizarles una cobertura suficiente por los accidentes que pudieran padecer durante el desempeño de la prestación y una protección que en ningún caso será inferior a la regulada por la normativa laboral en materia de prevención de riesgos laborales. La protección viene establecida en los artículos 22 y 23 del Real Decreto 782/2001, de 6 de julio, por el que se regula la relación laboral de carácter especial de los penados que realicen actividades laborales en talleres penitenciarios y la protección de Seguridad Social de los sometidos a penas de trabajo en beneficio de la comunidad. Conforme al artículo 22 los menores están incluidos en la acción protectora del Régimen General de la Seguridad Social a efectos de las contingencias de accidentes de trabajo y enfermedades profesionales por los días de prestación efectiva de dicho trabajo.

Regulación normativa: Exposición de Motivos (nº 15) y artículos 7.1.k) LORPM; artículo 20 RLORPM; artículos 22 y 23 R.D. 782/2001.

PRINCIPIO ACUSATORIO

Los Jueces de Menores no pueden imponer una medida que suponga una mayor restricción de derechos ni por un tiempo superior a la medida solicitada por el Ministerio Fiscal o por el acusador particular. Tampoco podrá exceder la duración de las medidas privativas de libertad de internamiento y de permanencia de fin de semana, en ningún caso, del tiempo que hubiera durado la pena privativa de libertad que se le hubiere impuesto por el mismo hecho, si el sujeto, de haber sido mayor de edad, hubiera sido declarado responsable de acuerdo con el Código Penal.

Regulación normativa: artículo 8 LORPM.

Jurisprudencia: SAP Álava, sec. 2ª, 179/2009, de 10 de junio (*Tol 1588754*); SAP Vizcaya, sec. 1ª, 9/2015, de 18 de febrero (*Tol 4947781*); SAP Guipúzcoa, sec. 1ª, 59/2015, de 13 de marzo (*Tol 4842050*); SAP Sevilla, sec. 3ª, 293/2011, de 27 de mayo (*Tol 2267677*); SAP Barcelona, sec. 3ª, 358/2011, de 5 de mayo (*Tol 2204097*): SAP Málaga, sec. 8ª, 425/2013, de 20 de junio (*Tol 4439750*).

PRINCIPIO DE CULPABILIDAD

Para imponer una medida a un menor que ha cometido un delito se exige la presencia de una serie de elementos: capacidad de culpabilidad, conocimiento de la antijuricidad y exigibilidad de otra conducta distinta. Estos tres elementos constituyen el concepto dogmático de culpabilidad.

La falta de cualquiera de estos elementos específicos de la culpabilidad conlleva el que no pueda imponerse una medida al autor de un hecho típico y antijurídico, esto es, impide castigar al sujeto que no reúna unas condiciones psíquicas que permitan su acceso a la prohibición.

La pena aparece así como producto de una «racionalidad normal», obra de un sujeto responsable y no se puede aplicar al sujeto inimputable. El Derecho penal de menores también contempla la posibilidad de imponer medidas terapéuticas a los menores no imputables.

PRINCIPIO DE LEGALIDAD

El principio de legalidad acuñado con la expresión latina "nullum crimen, nulla poena sine lege" significa que actos u omisiones que

no estaban castigados en el momento de la comisión de los mismos no pueden ser sancionados.
El principio de legalidad es un principio limitador del poder punitivo del Estado, según el cual no cabe sancionar ninguna conducta ni imponer pena que no estén previstas en la ley. Solo se puede considerar delictiva aquella conducta que expresamente esté tipificada en la ley como delito.

Regulación normativa: artículo 25.1 CE; artículos 1 y 43 LORPM; artículo 3 CP.

Jurisprudencia: SSTC 232/1997, de 16 de diciembre (*Tol 80855*), 61/1998, de 17 de marzo (*Tol 80919*), 243/2004, de 16 de diciembre (*Tol 526400*); SAP de Tarragona 38/2006, de 19 de enero (*Tol 840642*).

PRINCIPIO DE OPORTUNIDAD

En virtud del principio de oportunidad, los titulares de la acción penal están autorizados, si se cumplen los requisitos legalmente establecidos, a hacer uso o no uso de su ejercicio, provocando, en su caso, la iniciación del proceso o su finalización.
La vigencia del principio de oportunidad en los procesos de menores se dibuja como un importante mecanismo de consecución de los fines propios del ámbito de la justicia juvenil.
Las dos manifestaciones del principio de oportunidad se refieren al desistimiento de la incoación del expediente y el sobreseimiento de la causa por conciliación o reparación entre el menor y la víctima.
La no incoación del expediente tiene como consecuencia, en su caso, el traslado a las instituciones de protección de menores, mientras que el segundo supone el archivo de la causa una vez cumplida la condición indispensable para ello, como es el compromiso de reparación o de conciliación entre el menor y la víctima.
En nuestro ordenamiento es una posibilidad limitada a supuestos de escasa gravedad e inspirado en los sistemas informales de solución del conflicto penal planteado por delincuentes juveniles ocasionales.

Así pues el artículo 18 LORPM habilita al Ministerio Fiscal para desistir de la incoación del expediente cuando los hechos denunciados constituyan delitos menos graves sin violencia o intimidación en las personas o faltas y además conste que el menor no ha cometido con anterioridad hechos de semejante naturaleza. También se manifiesta en otros momentos del procedimiento, como el posible sobreseimiento por conciliación/reparación (artículo 19), conformidad (artículos 32 y 36), suspensión de la ejecución del fallo (artículo 40), dejar sin efecto o sustituir la medida impuesta durante la ejecución (artículo 51), etc.

Regulación normativa: artículos 18 y 19 LORPM.

Jurisprudencia: AAP de Málaga 350/2013, de 31 de mayo.

PRINCIPIO DE PROPORCIONALIDAD

El principio de proporcionalidad significa que las medidas a imponer a un menor deben ser proporcionadas a la entidad del hecho cometido.
A la hora de graduar las sanciones el principio de proporcionalidad juega un papel decisivo. Conforme al mismo la determinación y duración de las sanciones se realizara teniendo en cuenta las circunstancias del menor, la naturaleza de los hechos, la violencia o agresividad mostrada en la comisión de los hechos, la intencionalidad, la perturbación producida en la convivencia del centro, la gravedad de los daños y perjuicios ocasionados, el grado de ejecución y de participación y la reincidencia en otras faltas disciplinarias.

Regulación normativa: artículo 67.1 RLORPM.

Jurisprudencia: SAP de Madrid 7/2013, de 24 de enero (*Tol 3168099*); SAP de León 90/2013, de 5 de febrero (*Tol 3247634*); SAP de Valladolid 13/2015, de 22 de enero (*Tol 4732533*); SAP de Vizcaya 9/2015, de 18 de febrero (*Tol 4947781*); SAP de Barcelona 307/2015, de 25 de abril.

PRINCIPIO DE RESOCIALIZACIÓN

Señala la LORPM que toda la actividad de los centros en los que se ejecuten medidas de internamiento estará inspirada por el principio de que el menor internado es sujeto de derecho y continúa formando parte de la sociedad. En consecuencia, la vida en el centro debe tomar como referencia la vida en libertad, reduciendo al máximo los efectos negativos que el internamiento pueda representar para el menor o para su familia, favoreciendo los vínculos sociales, el contacto con los familiares y allegados, y la colaboración y participación de las entidades públicas y privadas en el proceso de integración social, especialmente de las más próximas geográfica y culturalmente. A tal fin se fijarán reglamentariamente los permisos ordinarios y extraordinarios de los que podrá disfrutar el menor internado, a fin de mantener contactos positivos con el exterior y preparar su futura vida en libertad.

Regulación normativa: artículo 25.2 CE; artículo 55 LORPM.

Jurisprudencia: SSTC 1/1987, de 21 de enero (*Tol 333157*), 119/1996, de 8 de julio (*Tol 4553997*).

PRINCIPIO *NE BIS IN IDEM*

Desde su vertiente material, el principio *ne bis in idem* significa que nadie debe ser castigado dos veces por la misma infracción. Desde su vertiente procesal, dicho principio significa que nadie puede ser juzgado dos veces por los mismos hechos.
La vertiente material prohíbe la duplicidad de sanciones en los casos de identidad de sujeto, hecho y fundamento.
En el RLORPM se contempla la posibilidad de que un mismo hecho pueda dar origen a una responsabilidad penal y a una responsabilidad disciplinaria cuando el fundamento de ambas sanciones sea distinto. En estos casos, los hechos serán puestos en conocimiento del Ministerio Fiscal y de la autoridad judicial competente, sin per-

juicio de que continúe la tramitación del expediente disciplinario hasta su resolución e imposición de la sanción si procede.

Regulación normativa: artículo 60.6 RLORPM

Jurisprudencia: STS 62/2013, de 29 de enero (*Tol 3010065*); SAP de Valencia de 8 de junio de 2005 (*Tol 702625*); SAP de Madrid 18/2011, de 2 de febrero (*Tol 2092780*); SAP de Orense 122/2012, de 9 de marzo (*Tol 2501401*); SAP de Badajoz 37/2014, de 9 de abril (*Tol 4362517*).

PRINCIPIOS DE LA POTESTAD DISCIPLINARIA

El ejercicio de la potestad disciplinaria en los centros corresponderá a quien la tenga expresamente atribuida por la entidad pública. En defecto de esta atribución, el ejercicio de la potestad disciplinaria corresponderá al director del centro, no pudiendo atribuirse al mismo órgano las fases de instrucción y resolución del procedimiento.
La potestad disciplinaria habrá de ejercerse siempre respetando la dignidad del menor. Ninguna sanción podrá implicar, de manera directa o indirecta, castigos corporales, ni privación de los derechos de alimentación, enseñanza obligatoria y comunicaciones y visitas previstos en la LORPM y en su Reglamento.
Las sanciones impuestas podrán ser reducidas, dejadas sin efecto en su totalidad, suspendidas o aplazadas en su ejecución, en los términos establecidos en el RLORPM.
La conciliación con la persona ofendida, la restitución de los bienes, la reparación de los daños y la realización de actividades en beneficio de la colectividad del centro, voluntariamente asumidos por el menor, podrán ser valoradas por el órgano competente para el sobreseimiento del procedimiento disciplinario o para dejar sin efecto las sanciones disciplinarias impuestas.
Aquellos hechos que pudiesen ser constitutivos de infracción penal podrán ser también sancionados disciplinariamente cuando el fundamento de esta sanción, que ha de ser distinto del de la penal, sea la seguridad y el buen orden del centro. En estos casos, los hechos

serán puestos en conocimiento del Ministerio Fiscal y de la autoridad judicial competente, sin perjuicio de que continúe la tramitación del expediente disciplinario hasta su resolución e imposición de la sanción si procediera.

Regulación normativa: artículo 60 RLORPM.

PRINCIPIOS INSPIRADORES DE LA EJECUCIÓN DE LAS MEDIDAS

Los profesionales, organismos e instituciones que intervengan en la ejecución de las medidas ajustarán su actuación con los menores a los principios siguientes: a) El superior interés del menor de edad sobre cualquier otro interés concurrente. b) El respeto al libre desarrollo de la personalidad del menor. c) La información de los derechos que les corresponden en cada momento y la asistencia necesaria para poder ejercerlos. d) La aplicación de programas fundamentalmente educativos que fomenten el sentido de la responsabilidad y el respeto por los derechos y libertades de los otros. e) La adecuación de las actuaciones a la edad, la personalidad y las circunstancias personales y sociales de los menores. f) La prioridad de las actuaciones en el propio entorno familiar y social, siempre que no sea perjudicial para el interés del menor. Asimismo en la ejecución de las medidas se utilizarán preferentemente los recursos normalizados del ámbito comunitario. g) El fomento de la colaboración de los padres, tutores o representantes legales durante la ejecución de las medidas. h) El carácter preferentemente interdisciplinario en la toma de decisiones que afecten o puedan afectar a la persona. i) La confidencialidad, la reserva oportuna y la ausencia de injerencias innecesarias en la vida privada de los menores o en la de sus familias, en las actuaciones que se realicen. j) La coordinación de actuaciones y la colaboración con los demás organismos de la propia o de diferente Administración, que intervengan con menores y jóvenes, especialmente con los que tengan competencias en materia de educación y sanidad.

Regulación normativa: artículo 6 RLORPM.

PRIVACIÓN DE LICENCIAS DE CAZA Y ARMAS

La privación de las licencias administrativas para caza o para uso de cualquier tipo de armas es una medida no privativa de libertad que podrá imponerse como accesoria cuando el delito se hubiere cometido utilizando un arma.
Su ejecución no corresponde a las entidades públicas de reforma, sino a los órganos administrativos competentes por razón de la materia, salvo que sean ejecutadas directamente por el Juez.

Regulación normativa: Exposición de Motivos (nº 23) y artículo 7.1.n) LORPM; artículo 8.4 RLORPM.

PRIVACIÓN DE PERMISO DE CONDUCIR CICLOMOTORES Y VEHÍCULOS A MOTOR

La privación del permiso de conducir ciclomotores y vehículos a motor, o del derecho a obtenerlo, es una medida no privativa de libertad que podrá imponerse como accesoria cuando el delito se hubiere cometido utilizando un ciclomotor o un vehículo a motor.
Su ejecución no corresponde a las entidades públicas de reforma, sino a los órganos administrativos competentes por razón de la materia, salvo que sean ejecutadas directamente por el Juez.

Regulación normativa: Exposición de Motivos (nº 23) y artículo 7.1.n) LORPM; artículo 8.4 RLORPM.

PROCEDIMIENTO DISCIPLINARIO ABREVIADO

Procedimiento previsto en el RLORPM que puede utilizarse para la imposición de sanciones por faltas leves, cuando así lo decida el órgano competente para iniciar el procedimiento si considera que existen elementos de juicio suficientes para calificar la infracción del menor como falta leve. El procedimiento se tramitará con arreglo a las siguientes normas: a) el informe del personal del centro operará como pliego de cargos que se notificará, verbalmente, al presunto infractor, con indicación de la sanción que le puede corresponder; b) el menor podrá hacer las alegaciones que estime pertinentes y proponer las pruebas de que intente valerse, en el mismo acto de la notificación o por escrito 24 horas después; c) transcurrido el plazo anterior, el órgano competente resolverá lo que proceda, y si acuerda imponer una sanción, se le notificará al menor y a su letrado por escrito; d) en todo caso, este procedimiento se documentará debidamente.

Regulación normativa: artículo 79 RLORPM.

PROCEDIMIENTO DISCIPLINARIO ORDINARIO

Procedimiento previsto en el RLORPM para la imposición de sanciones con carácter general y que es obligatorio cuando las sanciones a imponer son por la comisión de faltas muy graves o graves. El procedimiento sigue las siguientes fases: fase de iniciación del procedimiento (por el Director o por quien hay determinado la entidad pública), fase de instrucción (pliego de cargos, alegaciones, práctica de prueba, propuesta de resolución, notificación y alegaciones), fase de resolución (acuerdo sancionador adoptado por el órgano competente y notificación) y fase de recurso (ante el Juez de Menores, sin que quepa posterior recurso).

Regulación normativa: artículos 71 a 78 RLORPM.

PROCEDIMIENTO SANCIONADOR

Señala el artículo 60.1 de la LORPM que los menores internados podrán ser corregidos disciplinariamente en los casos y de acuerdo con el procedimiento que se establezca reglamentariamente, de acuerdo con los principios de la Constitución, de la LORPM y del Título IX de la LRJAP-PAC. En consonancia con ello el RLORPM ha establecido que para la imposición de sanciones por faltas graves y muy graves será preceptiva la observancia del procedimiento regulado en los artículos 71 a 78, y para las sanciones impuestas por faltas leves podrá seguirse el procedimiento abreviado previsto en el artículo 79.

Regulación normativa: artículo 60.1 LORPM; artículo 70 RLORPM.

PROGRAMA DE EJECUCIÓN DE LA MEDIDA

Vid. Programa individualizado de ejecución.

PROGRAMA DE INTERVENCIÓN

Vid. Programa individualizado de ejecución.

PROGRAMA DE TRATAMIENTO

Programa que acompaña al programa individualizado de ejecución en las medidas de internamiento terapéutico y de tratamiento ambulatorio. Es elaborado por los especialistas o facultativos correspondientes, tras examinar al menor. El programa establecerá las pautas sociosanitarias recomendadas, los controles que ha de seguir el menor y la periodicidad con la que ha de asistir al centro, servicio o institución designada, para su tratamiento, seguimiento y control, en el caso de tratamiento ambulatorio. En las medidas de internamiento terapéutico las salidas, permisos y comunicaciones con el exterior de los menores se autorizarán, en el marco del programa de tratamiento.

Regulación normativa: artículos 16, apartados 2 y 3, 27.2 y 50.1 RLORPM.

PROGRAMA INDIVIDUALIZADO DE EJECUCIÓN

Documento en el que se contiene el conjunto de actuaciones a desarrollar para la ejecución de la medida. Su elaboración se hará por el profesional designado, en el caso de las medidas no privativas de libertad, o por el centro designado para el cumplimiento, en el caso de las medidas privativas de libertad. Se hará en un plazo de 20 días desde el inicio de las medidas, en el caso de medidas de libertad vigilada o de internamiento, o desde la designación del profesional responsable de la ejecución en el resto de medidas. El plazo será prorrogable previa autorización judicial. Una vez elaborado se comunica al Juez de Menores para su aprobación, quien podrá rechazarlo en todo o en parte, en cuyo caso deberá remitirse uno nuevo o una modificación. El contenido del programa dependerá del tipo de medida, regulándose en el RLORPM. En la LORPM se utiliza la expresión programa de ejecución de la medida y también programa de intervención.

Regulación normativa: artículos 7.2.h), 44.2.c) y 46.1 LORPM; artículos 10.1, reglas 4ª y 5ª, 16 a 21 y 24 a 28 RLORPM.

PROHIBICIÓN DE APROXIMARSE O COMUNICARSE CON LA VÍCTIMA

La prohibición de aproximarse o comunicarse con la víctima o con aquellos de sus familiares u otras personas que determine el Juez es una medida incorporada al catálogo por la reforma llevada a cabo por la Ley Orgánica 8/2006, no contando actualmente con desarrollo reglamentario. Es una medida no privativa de libertad, que puede adoptarse tanto con carácter cautelar como firme y, en este supuesto, tanto por la comisión de delitos como de faltas.

La prohibición de aproximarse impedirá al menor acercarse a las personas determinadas por el Juez, en cualquier lugar donde se en-

cuentren, así como a su domicilio, a su centro docente, a sus lugares de trabajo y a cualquier otro que sea frecuentado por ellos.
La prohibición de comunicarse, impedirá al menor establecer con las personas determinadas por el Juez, por cualquier medio de comunicación o medio informático o telemático, contacto escrito, verbal o visual.
Si la medida implicase la imposibilidad del menor de continuar viviendo con sus padres, tutores o guardadores, el Ministerio Fiscal deberá remitir testimonio de los particulares a la entidad pública de protección del menor, y dicha entidad deberá promover las medidas de protección adecuadas a las circunstancias de aquél, conforme a lo dispuesto en la Ley Orgánica 1/1996.

Regulación normativa: artículo 7.1.i) LORPM.

PROTECCIÓN DE MENORES

El ámbito de aplicación de la LORPM comprende a los menores entre catorce y dieciocho años. Si un menor de catorce años comete una infracción penal el sistema de tratamiento es distinto ya que se le exigirá responsabilidad conforme a las normas de protección de menores del Código Civil y demás disposiciones vigentes como la Convención de Derechos del Niño, la Ley Orgánica de Protección Jurídica del Menor, la Ley de Enjuiciamiento Civil, etc.
En estos casos el Ministerio Fiscal debe remitir a la entidad pública de protección de menores el testimonio de los particulares que considere necesarios respecto al menor, a fin de poder valorar su situación. Dicha entidad tiene la obligación de promover las medidas de protección adecuadas a las circunstancias del menor.

Regulación normativa: artículos 1.2 y 3 LORPM; artículo 8.6 RLORPM; LOPJM.

PUNTO DE CONEXIÓN PARA DETERMINAR LA ADMINISTRACIÓN COMPETENTE EN LA EJECUCIÓN DE LAS MEDIDAS

Vid. Administración competente y competencia para la ejecución de medidas.

Q

QUEBRANTAMIENTO DE MEDIDA

El quebrantamiento o no cumplimiento de una medida lleva aparejado unas consecuencias.

En el caso de quebrantamiento de una medida privativa de libertad, se procede o bien al reingreso del menor en el mismo centro del que se hubiera evadido o bien se traslada a otro más adecuado a sus condiciones. El reingreso conlleva la regresión a una modalidad de cumplimiento en la que se permiten menos salidas y contactos con el exterior.

Si se quebranta la permanencia de fin de semana el reingreso será en su domicilio para cumplirlo ininterrumpidamente. En ambos casos se respeta el período ya cumplido.

En el caso de quebrantamiento de medidas de otra naturaleza, el Ministerio Fiscal puede solicitar la sustitución por otra medida que, excepcionalmente, puede ser incluso la de internamiento en régimen semiabierto, por el tiempo que reste para su cumplimiento.

En casos de incumplimiento o quebrantamiento de una medida, el Juez de Menores acuerda que el Secretario Judicial remita testimonio de la misma al Ministerio Fiscal por si el hecho fuese constitutivo de delito.

Regulación normativa: artículo 50 LORPM; artículo 14 RLORPM; artículo 468 CP.

Jurisprudencia: SAP de Orense 18/2013, de 11 de enero (*Tol 3016902*); SAP de Orense 16/2013, de 11 de enero (*Tol 3016820*); SAP de Valladolid 258/2014, de 31 de julio (*Tol 4514878*); SAP de Castellón 458/2014, de 2 de diciembre (*Tol 4756834*).

QUEJAS

Los menores internados y, en su caso, sus representantes legales pueden formular ya sea verbalmente o por escrito, peticiones y quejas a la entidad pública o al Director del centro, sobre cuestiones relativas a su situación de internamiento. Si las quejas o peticiones no fueran de su competencia el Director del centro las pondrá en conocimiento de la entidad pública o autoridades respectivas.

Los menores también tiene derecho a formular peticiones y quejas a la Dirección del Centro, a la Entidad Pública, a las autoridades judiciales, al Ministerio Fiscal, al Defensor del Pueblo o institución análoga de la Comunidad Autónoma y a presentar todos los recursos legales previstos en la ley ante el Juez competente, en defensa de sus derechos e intereses legítimos.

Las quejas han de ser registradas y se debe informar al menor de los resultados de las mismas.

Regulación normativa: artículos 56.2.k) y 58 LORPM; artículos 32.6 y 57 RLORPM.

R

REALIZACIÓN DE TAREAS-SOCIOEDUCATIVAS

Medida no privativa de libertad, que puede adoptarse sólo como medida firme tanto por la comisión de delitos como de faltas. Además, la suspensión de la ejecución del fallo puede condicionarse a la obligación de realizar una actividad socio-educativa.

La medida pretende que el menor lleve a cabo actividades específicas de contenido educativo que faciliten su reinserción social. Desde la perspectiva de su naturaleza puede ser una medida de carácter autónomo o formar parte de otra más compleja. Como medida autónoma, pretende satisfacer necesidades concretas del menor percibidas como limitadoras de su desarrollo integral y los menores sometidos a ella deben de realizar, sin internamiento ni libertad vigilada, actividades específicas de contenido educativo encaminadas a facilitarle el desarrollo de su competencia social.
En cuanto a su contenido puede suponer la asistencia y participación del menor a un programa ya existente en la comunidad, o bien a uno creado especialmente por los profesionales encargados de ejecutar la medida. Como ejemplos de tareas socio-educativas, se pueden mencionar las siguientes: asistir a un taller ocupacional, a un aula de educación compensatoria o a un curso de preparación para el empleo; participar en actividades estructuradas de animación sociocultural, asistir a talleres de aprendizaje para la competencia social, etc.
La persona sometida a esta medida ha de realizar, sin internamiento ni libertad vigilada, actividades específicas de contenido educativo encaminadas a facilitarle el desarrollo de su competencia social. El horario de realización de las tareas deberá ser compatible con el de la actividad escolar si el menor se encuentra en el periodo de la enseñanza básica obligatoria, y, en la medida de lo posible, con su actividad laboral.

Regulación normativa: Exposición de Motivos (nº 19) y artículos 7.1.l), 28 y 40.2.c) LORPM; artículos 21 y 22 RLORPM.

RECEPCIÓN DE PAQUETES

La recepción de paquetes dirigidos a los menores internados se lleva a cabo previa comprobación de la identidad de la persona que lo deposita (*Vid.* Encargos).

Regulación normativa: artículo 44 RLORPM.

RECLAMACIONES

Vid. Quejas.

RECONOCIMIENTO EN RUEDA

La práctica de esta diligencia tiene como finalidad la identificación del menor y requiere la previa autorización del Ministerio Fiscal o del Juez de Menores.

El RLORPM regula la práctica de esta diligencia por la Policía Judicial. Para la composición de la rueda el grupo puede integrarse tanto con personas menores como mayores de edad, y conforme a los requisitos establecidos en la LECrim, esto es, la diligencia de reconocimiento se practica poniendo a la vista del que hubiere de verificarlo la persona que haya de ser reconocida, haciéndola comparecer en unión con otras de circunstancias exteriores semejantes. A presencia de todas ellas, o desde un punto en que no pudiere ser visto, según al Juez pareciere más conveniente, el que deba practicar el reconocimiento manifestará si se encuentra en la rueda o grupo la persona a quien hubiese hecho referencia en sus declaraciones, designándola, en caso afirmativo, clara y determinadamente.

Para la práctica de la diligencia de reconocimiento se utilizarán los medios que resulten menos dañinos a la integridad del menor. Esta diligencia se lleva a cabo en las dependencias de los Grupos de Menores o en las sedes del Ministerio Fiscal o autoridad judicial competente.

Si la rueda está compuesta por menores de edad, se debe contar con su autorización y con la de sus representantes legales o guardadores de hecho o de derecho.

Regulación normativa: artículo 2.10 RLORPM; artículos 369 a 370 LECrim.

Jurisprudencia: STS 8/2015, de 22 de enero (*Tol 4697735*); SAP de Lleida 5/2012, de 15 de enero (*Tol 3238893*); SAP de Barcelona, 307/2015, de 25 de abril.

RECONOCIMIENTO FOTOGRÁFICO

El reconocimiento fotográfico se lleva a cabo en dependencias policiales. Si bien la diligencia de reconocimiento fotográfico carece de una regulación legal, la exhibición de la fotografía del sospechoso debe llevarse a cabo juntamente con las correspondientes a otras personas de características físicas similares en álbumes fotográficos, con expresión o documentación de los datos identificativos de aquéllas. Es preciso tener cuidado de no enseñar jamás fotografías en solitario, ni fotografías de distintos tamaños, ni fotografías diversas de una sola persona, sino que se debe acudir simplemente a los álbumes policiales como tales. La mejor forma de garantizar un reconocimiento no viciado es que simplemente se le pongan encima de la mesa los álbumes correspondientes en solitario al observador, para que éste pueda llegar a sus propias conclusiones sin mediación ni acompañamiento de nadie.

Se requiere, por tanto, que se realice mediante la exhibición de un número lo más plural posible de clichés fotográficos, integrado por fisonomías que, al menos algunas de ellas, guarden entre sí ciertas semejanzas en sus características físicas (sexo, edad aproximada, raza, etc.), coincidentes con las ofrecidas inicialmente, en sus primeras declaraciones, por quien procede a la identificación.

El reconocimiento mediante la exhibición de fotografías de varios individuos para precisar la que corresponde al denunciado es una actuación policial legítima y necesaria para proseguir la investigación policial y poner a disposición del Fiscal al menor sospechoso de la autoría del delito.

La diligencia de reconocimiento fotográfico constituye sólo un inicio en la investigación del delito, sin tener carácter de prueba, siendo la diligencia de identificación *ad hoc* en rueda de detenidos o presos la que ofrece mayores garantías, y la que está regulada en el Ley de Enjuiciamiento Criminal en los artículos 368 y siguientes como tal y propia diligencia de identificación del presunto autor del delito.

El reconocimiento fotográfico permite identificar indiciariamente a las personas posibles responsables del hecho, pero para su eficacia como prueba ha de ser complementado con un reconocimiento a presencia judicial.

Jurisprudencia: STS 249/2014, de 14 de marzo (*Tol 4184208*); SAP de Tarragona 585/2012, de 7 de diciembre (*Tol 3012469*); SAP de Zaragoza 60/2013, de 12 de febrero (*Tol 3666997*); SAP de Guadalajara 45/2013, de 20 de febrero (*Tol 3411006*); SAP de Málaga 449/2013, de 25 de julio (*Tol 5378938*).

RECURSO DE APELACIÓN

En el proceso de menores el recurso de apelación se puede interponer contra:

1. Los autos en general y las providencias de los Jueces de Menores cabe interponer recurso de reforma y, contra esta resolución recurso de apelación ante la Audiencia Provincial.
2. Los autos que pongan fin al procedimiento: autos de sobreseimiento, resolutorios de modificación de medidas o de adopción de medidas cautelares, suspensión de la ejecución del fallo cuando la medida impuesta no sea superior a dos años y ejecución de medidas.
3. Las sentencias dictadas por los Jueces de Menores ante la correspondiente Audiencia Provincial dentro del plazo de los cinco días siguientes a aquel en que se hubiera producido la notificación de la sentencia.
4. Los autos y sentencias dictadas por el Juzgado Central de Menores de la Audiencia Nacional ante la Sala de lo Penal de la Audiencia Nacional.

Es requisito imprescindible para la admisión a trámite del recurso de apelación que se consigne la invocación formal y expresa de los motivos jurídicos que provocan la impugnación.

Regulación normativa: artículos 41 y 52.2 LORPM; artículos 216 a 221, 766, 790 y 791 LECrim.

Jurisprudencia: SAP de Palencia 7/2012, de 23 de julio (*Tol 2642661*); SAP de Barcelona 50/2013, de 15 de enero (*Tol 3059447*); SAP de León 212/2015, de 9 de abril (*Tol 4946434*).

RECURSO DE CASACIÓN PARA UNIFICACIÓN DE DOCTRINA

Se trata de un medio extraordinario de impugnación de las resoluciones dictadas por las Audiencias Provinciales, cuya finalidad esencial es la de reforzar, a través de la jurisprudencia de la Sala Segunda del Tribunal Supremo, las garantías de la unidad de doctrina en el ámbito del derecho sancionador de menores.

Dada la finalidad homogeneizadora del recurso, debe de tratarse de sentencias dictadas en apelación que sean contradictorias entre sí o con sentencias del Tribunal Supremo, respecto de hechos y valoraciones de las circunstancias del menor que, siendo sustancialmente iguales, hayan dado lugar, sin embargo, a pronunciamientos distintos.

Se persigue a través de este medio alcanzar en el tratamiento de la responsabilidad penal de los menores y en su orientación educativa, siempre inspirada por el principio del superior interés del menor, el grado de coherencia y previsibilidad, dentro de la propia jurisdicción, que exigen los principios de igualdad y seguridad jurídica.

La cuestión central en este tipo de recursos estriba en la unificación de doctrina, esto es, la sentencia de contraste lo que tiene que poner de manifiesto es que la sentencia recurrida se ha apartado de la interpretación de la norma que en las otras sentencias se mantiene. En otras palabras, se trata de examinar la interpretación de la norma para su unificación, pero no, siquiera, de entrar en el análisis de las circunstancias que han sido tenidas en cuenta a la hora de la elección de la medida adecuada para la reforma del menor.

El recurso de casación para unificación de doctrina está restringido a sentencias condenatorias en las que se hayan impuesto medidas superiores a dos años de duración y tratarse de delito grave, bien delito menos grave si en su ejecución se ha empleado violencia o intimidación en las personas o se ha generado grave riesgo para la vida o la integridad física de las mismas o bien si el delito se ha cometido en grupo o el menor perteneciere o actuare al servicio de una banda, organización o asociación, incluso de carácter transitorio, que se dedicare a la realización de tales actividades.

En cuanto a la legitimación activa, puede interponerlo el Ministerio Fiscal o cualquiera de las partes que pretenda la mencionada unificación de doctrina dentro de los diez días siguientes a la notificación de la sentencia de la Audiencia Nacional o Provincial, en escrito dirigido a la misma

El escrito de interposición debe contener una relación precisa y circunstanciada de la contradicción, refiriendo las sentencias aludidas y de los informes en que se funde el interés del menor valorado en sentencia.

Si la Audiencia Nacional o Provincial ante quien se haya preparado el recurso estimara acreditados los requisitos, el secretario judicial requerirá testimonio de las sentencias citadas a los Tribunales que las dictaron, y en un plazo de diez días remitirá la documentación a la Sala Segunda del Tribunal Supremo, emplazando al recurrente y al Ministerio Fiscal, si no lo fuera, ante dicha Sala. Es de aplicación en la interposición, sustanciación y resolución del recurso lo dispuesto en la Ley de Enjuiciamiento Criminal, en cuanto resulte aplicable.

En el caso de que el recurso de casación para unificación de doctrina sea estimado, la Sala Segunda del Tribunal Supremo, al resolver dicho recurso, dictará una nueva sentencia ajustando la situación creada por la recurrida a la doctrina que se haya declarado más ajustada a Derecho, pero solo si la misma resulta más favorable al menor sometido a reforma. El Acuerdo del Pleno no jurisdiccional del Tribunal Supremo de 13 de marzo de 2013 declaró: "Sin perjuicio del valor de la doctrina plasmada para supuestos futuros, la estimación de un recurso de casación para unificación de doctrina en materia de menores (art. 42 de la Ley Orgánica de la Responsabilidad Penal de los Menores) sólo incidirá en la situación concreta decidida por la sentencia recurrida si es favorable al menor".

Regulación normativa: artículo 42 LORPM; artículos 847 y ss. LECrim.

Jurisprudencia: SSTS de 7 de noviembre de 2002 (*Tol 226007*), de 3 de febrero de 2003 (*Tol 265517*), 699/2012, de 24 de septiembre (*Tol 2662580*), 74/2014, de 12 de febrero (*Tol 4110031*), 992/2014, de 29 de mayo (*Tol 4430628*).

RECURSO DE REFORMA

Contra los autos y providencias de los Jueces de Menores cabe recurso de reforma ante el propio órgano, que se interpondrá en el plazo de tres días a partir de la notificación. El recurso de reforma no es devolutivo lo que implica que la competencia funcional para conocer del mismo es del propio Juez que dictó la resolución impugnada.
El auto que resuelva la impugnación de la providencia será susceptible de apelación pero solo en el caso de que la resolución impugnada sea una providencia pero no en el caso de que haya sido un auto.
El recurso se interpone por escrito, firmado por Letrado, sin que sea necesaria la intervención del Procurador, por no estar previsto en el procedimiento de menores, debiendo acompañarse tantas copias como partes sean a fin de que si lo desean puedan presentar escrito al respecto.

Regulación normativa: artículo 41.2 LORPM; artículo 211 a 221, 766, 790 y 791 LECrim.

RECURSOS CONTRA RESOLUCIONES DICTADAS POR LOS SECRETARIOS JUDICIALES

Contra las resoluciones dictadas por los Secretarios Judiciales cabe interponer, según dispone la LORPM, los mismos recursos que se contemplan en la Ley de Enjuiciamiento Criminal.

La LOPJ prevé que las diligencias de ordenación, que son resoluciones dictadas por los Secretarios Judiciales, y los decretos son recurribles en los casos y formas previstos en las leyes procesales.

Regulación normativa: artículo 41.5 LORPM; artículo 456 LOPJ.

RECURSOS CONTRA RESOLUCIONES EN EJECUCIÓN DE MEDIDAS

El menor tiene derecho a recurrir las resoluciones adoptadas durante la ejecución de medidas que le hayan sido impuestas. El recurso podrá presentarlo ante el Director del centro o el Juez. El conocimiento y fallo del recurso corresponde al Juez de Menores competente para el control de la ejecución de las medidas.
También se halla legitimado para interponer este recurso el letrado del menor.
Si el Juez de Menores admite a trámite el recurso, el secretario judicial recabará informe del Ministerio Fiscal y, previa audiencia del letrado del menor, resolverá en el plazo de dos días, mediante auto motivado.
Contra este auto cabe recurso de apelación ante la correspondiente Audiencia Provincial.

Regulación normativa: artículo 52 LORPM; artículo 57.4 RLORPM; artículo 221 LECrim.

REDUCCIÓN DE LAS SANCIONES

Vid. Graduación de las sanciones.

REDUCCIÓN, SUSPENSIÓN Y ANULACIÓN DE SANCIONES

El órgano competente podrá dejar sin efecto, reducir o suspender la ejecución de las sanciones disciplinarias en cualquier momento de su ejecución si el cumplimiento de la sanción se revela perjudicial en la evolución educativa del menor. Estas medidas no podrán adoptarse sin autorización del Juez de Menores cuando éste haya intervenido en su imposición por vía de recurso. La reducción o revocación de la sanción, así como la suspensión de su efectividad se anotarán en el expediente personal del menor.

Regulación normativa: artículos 60.4, 75.3 y 82 RLORPM.

REFUNDICIÓN DE MEDIDAS

Procedimiento previsto en el artículo 47.2 de la LORPM para los casos en que se hubieran impuesto a un menor, en diferentes resoluciones judiciales, dos o más medidas de la misma naturaleza. La refundición consiste en transformar las diferentes medidas de la misma naturaleza en una sola, sumando la duración de las mismas, hasta el límite del doble de la más grave de las refundidas. El Juez, previa audiencia del letrado del menor, deberá proceder de este modo respecto de cada grupo de medidas de la misma naturaleza que hayan sido impuestas al menor, de modo que una vez practicada la refundición no quedará por ejecutar más de una medida de cada clase (*Vid.* Cumplimiento de varias medidas).

Regulación normativa: artículo 47.2 LORPM.

RÉGIMEN DE LOS MENORES DE CATORCE AÑOS

La LORPM se aplica a mayores de catorce años y menores de dieciocho, por ello el artículo 3 de la LORPM señala que cuando el autor de los hechos sea menor de catorce años, no se le exigirá responsabilidad con arreglo a la misma, sino que se le aplicará lo dispuesto en las normas sobre protección de menores previstas en el Código Civil y demás disposiciones vigentes. A tal fin, el Ministerio Fiscal deberá remitir a la entidad pública de protección de menores testimonio de los particulares que considere precisos respecto al menor, a fin de que valore la situación y decida si se ha de adoptar alguna medida de protección.

Regulación normativa: artículo 3 LORPM; artículo 8.6 RLORPM.

RÉGIMEN DISCIPLINARIO

El régimen disciplinario en los centros de internamiento de menores tiene como finalidad contribuir a la seguridad y convivencia ordenada en los centros y estimular el sentido de la responsabilidad y la capacidad de autocontrol de los menores.

El régimen disciplinario se aplicará a todos los menores que cumplan medidas de internamiento en régimen cerrado, abierto o semiabierto, también en los internamientos terapéuticos, por los hechos cometidos dentro del centro y durante los traslados, conducciones o salidas que aquellos realicen.

Quedan excluidos de la aplicación del régimen disciplinario los menores a los que se les haya impuesto una medida de internamiento terapéutico como consecuencia de padecer una anomalía o alteración psíquica o alteración en la percepción que les impida comprender la ilicitud de los hechos o actuar conforme a aquella comprensión, mientras se mantengan en ese estado. Sí, por tanto, será aplicable el régimen disciplinario a los que estuvieren cumpliendo una medida de internamiento terapéutico por haber cometido el hecho en situación de intoxicación plena por consumo de alcohol, drogas tóxicas, estupefacientes, sustancias psicotrópicas u otras que produzcan efectos análogos o bajo el síndrome de abstinencia por la dependencia a dichas sustancias.

El ejercicio de la potestad disciplinaria corresponde a quien la tenga expresamente atribuida por la entidad pública. En caso de no existir dicha atribución, el ejercicio de la potestad disciplinaria recaerá en el Director del centro.

La potestad disciplinaria ha de ejercerse respetando la dignidad del menor y no podrá consistir en castigos corporales, ni privación del derecho de alimentación, enseñanza obligatoria y comunicaciones y visitas.

Regulación normativa: artículo 60 LORPM; artículo 59 RLORPM.

RÉGIMEN GENERAL DE APLICACIÓN Y DURACIÓN DE LAS MEDIDAS

En la aplicación de las medidas previstas en la LORPM se atenderá a las siguientes reglas:
1ª Cuando los hechos cometidos sean calificados de falta, sólo se podrán imponer las medidas de libertad vigilada hasta un máximo de seis meses, amonestación, permanencia de fin de semana hasta un máximo de cuatro fines de semana, prestaciones en beneficio de la comunidad hasta cincuenta horas, privación del permiso de conducir o de otras licencias administrativas hasta un año, la prohibición de aproximarse o comunicarse con la víctima o con aquellos de sus familiares u otras personas que determine el Juez hasta seis meses, y la realización de tareas socio-educativas hasta seis meses.
2ª La medida de internamiento en régimen cerrado sólo podrá ser aplicable cuando: a) los hechos estén tipificados como delito grave por el Código Penal o las leyes penales especiales; b) se trate de hechos tipificados como delito menos grave, que en su ejecución se haya empleado violencia o intimidación en las personas o se haya generado grave riesgo para la vida o la integridad física de las mismas; c) los hechos tipificados como delito se cometan en grupo o el menor perteneciere o actuare al servicio de una banda, organización o asociación, incluso de carácter transitorio, que se dedicare a la realización de tales actividades.
3ª La duración de las medidas no podrá exceder de dos años, computándose, en su caso, a estos efectos el tiempo ya cumplido por el menor en medida cautelar. La medida de prestaciones en beneficio

de la comunidad no podrá superar las cien horas. La medida de permanencia de fin de semana no podrá superar los ocho fines de semana.

4ª Las acciones u omisiones imprudentes no podrán ser sancionadas con medidas de internamiento en régimen cerrado.

5ª Cuando en la postulación del Ministerio Fiscal o en la resolución dictada en el procedimiento se aprecien algunas de las circunstancias previstas en los números 1, 2 y 3 del artículo 20 del Código Penal, sólo podrán aplicarse las medidas de internamiento terapéutico o de tratamiento ambulatorio.

Regulación normativa: artículo 9 LORPM.

Jurisprudencia: SAP León, sec. 3ª, 272/2012, de 19 de abril (*Tol 2530682*); SAP Burgos, sec. 1ª, 301/2012, de 20 de junio (*Tol 2600255*).

REGISTRO CON DESNUDO INTEGRAL

El artículo 59.1 de la LORPM regula las actuaciones de vigilancia y seguridad interior en los centros, que podrán suponer, en la forma y con la periodicidad que se establezca reglamentariamente, entre otras actuaciones, registros de los menores internados.

El RLORPM lo ha desarrollado, señalando que solamente por motivos de seguridad concretos y específicos, cuando existan razones individuales y contrastadas que hagan pensar que el menor oculta en su cuerpo algún objeto peligroso o sustancia susceptible de causar daño a la salud o integridad física de las personas o de alterar la seguridad o convivencia ordenada del centro, y cuando no sea posible la utilización de medios electrónicos, se podrá realizar el registro con desnudo integral, con autorización del director del centro, previa notificación urgente al Juez de Menores de guardia y al fiscal de guardia, con explicación de las razones que aconsejan dicho cacheo. Su utilización se regirá por los principios de necesidad y proporcionalidad y se llevarán siempre a cabo con el respeto debido a la dignidad y a los derechos fundamentales de la persona. Ante la opción de utilizar medios de igual eficacia, se dará preferencia a los de carácter electrónico. Se llevará a cabo por personal del mismo sexo, en lugar cerrado sin la presencia de otros menores y preservando, en todo lo posible, la intimidad. Una vez efectuado se dará cuenta al Juez de Menores y al Ministerio Fiscal de su realización y del resultado obtenido. Si el resultado del registro fuese infructuoso y persistiese la sospecha, se podrá solicitar por el director del centro a la autoridad judicial competente la autorización para la aplicación de otros medios de control adecuados. De los registros se formulará informe escrito, que deberá estar firmado por los profesionales del centro que hayan practicado el registro y dirigirlo al director del centro y al Juez de Menores.

Regulación normativa: artículo 59.1 LORPM; artículo 54.5, letras e) y d), y 6 RLORPM.

Jurisprudencia: SSTC 57/1994, de 28 de marzo (*Tol 82465*), 204/2000 de 24 de junio (*Tol 62170*) y 218/2002, de 25 de noviembre (*Tol 224825*).

REGISTRO DE PERSONAS, ROPAS Y ENSERES

El artículo 59.1 de la LORPM regula las actuaciones de vigilancia y seguridad interior en los centros, que podrán suponer, en la forma y con la periodicidad que se establezca reglamentariamente, entre otras actuaciones, registros de personas, ropas y enseres de los menores internados.

El RLORPM lo ha desarrollado, indicando que el registro de la persona, ropa y enseres del menor se ajustará a las siguientes normas: a) Su utilización se regirá por los principios de necesidad y proporcionalidad y se llevarán siempre a cabo con el respeto debido a la dignidad y a los derechos fundamentales de la persona. Ante la opción de utilizar medios de igual eficacia, se dará preferencia a los de carácter electrónico. b) Los registros de las ropas y enseres personales del menor se practicarán, normalmente, en su presencia. c) El registro de la persona del menor se llevará a cabo por personal del mismo sexo, en lugar cerrado sin la presencia de otros menores y preservando, en todo lo posible, la intimidad. De los registros se formulará informe escrito, que deberá estar firmado por los profesionales del centro que hayan practicado los registros y dirigirlo al director del centro y al Juez de Menores.

Regulación normativa: artículo 59.1 LORPM; artículo 54.5, letras a), b) y c), y 6 RLORPM.

Jurisprudencia: SSTC 35/1996, de 11 de marzo (*Tol 82970*), 218/2002, de 25 de noviembre (*Tol* 224825) y 89/2006, de 27 de marzo (*Tol 870469*).

REGISTRO DE SENTENCIAS DEFINITIVAS

En cada Juzgado de Menores habrá un Registro de sentencias en el que se incluirán todas las sentencias definitivas, correspondiéndole la llevanza y custodia de dicho Registro al Secretario Judicial.
Este Registro es distinto del que, a efectos de antecedentes penales para la aplicación de la reincidencia, se lleva en el Ministerio de Justicia.

Regulación normativa: artículo 39.3 LORPM; artículo 162 LECrim; artículo 265 LOPJ.

REGISTRO DE SENTENCIAS FIRMES

En el Ministerio de Justicia se lleva un Registro de las sentencias firmes dictadas por los Juzgados de Menores, denominado Registro Central de Sentencias de Responsabilidad Penal de los Menores. El Registro tiene por objeto la inscripción de sentencias condenatorias firmes dictada por los Juzgados y Tribunales en aplicación de la Ley Orgánica de la Responsabilidad Penal de los Menores.
La información del Registro comprende, con carácter general: a) datos identificativos del menor condenado (nombre y apellidos, alias en su caso, sexo, fecha de nacimiento, nombre de los padres, locali-

dad, provincia, país de nacimiento, domicilio conocido, nacionalidad y documento nacional de identidad o NIE, pasaporte o tarjeta de identidad en el caso de los extranjeros, número ordinal informático policial y número de atestado); b) órgano judicial que acuerda la resolución, fecha de la misma, clase y número de procedimiento, y número de identificación general; c) los datos personales identificativos de la víctima, domicilio o domicilios conocidos de la víctima y relación de parentesco entre la víctima y el condenado o denunciado siempre que sea necesario y, en todo caso, en los procedimientos de violencia doméstica o de género; y d) la condición de menor de edad de la víctima cuando se trate de delitos contra la libertad e indemnidad sexuales.

Además de los anteriores datos, en el Registro Central de Sentencias de Responsabilidad Penal de los Menores se inscribirán los siguientes: a) Fecha en que adquiere firmeza la sentencia, así como la suspensión, reducción o sustitución de la medida que acuerde el Juez mediante auto motivado, cuando éste sea firme, y demás datos de la ejecutoria; b) Las medidas impuestas al menor, su duración y, en su caso, el lugar de cumplimiento; c) La fecha de prescripción, de cumplimiento o finalización por cualquier causa de la medida o medidas impuestas.

El Registro constituye un sistema de información de carácter no público. Al mismo solo pueden acceder: a) los Juzgados de Menores a los efectos de su utilización en los procedimientos y actuaciones de los que están conociendo en el ámbito de sus respectivas competencias, conforme a las disposiciones legales vigentes; b) el Ministerio Fiscal, cuando ello resulte necesario para el cumplimiento de las funciones atribuidas al mismo por la LORPM y el Estatuto del Ministerio Fiscal; y c) los interesados, acreditando su identidad, quienes tendrán derecho a solicitar el acceso, mediante exhibición, únicamente a los datos relativos a su persona contenidos en cualquiera de los Registros a los que se refiere el Real Decreto 95/2009.

Las inscripciones del Registro se cancelarán trascurridos diez años, a contar desde que el menor hubiera alcanzado la mayoría de edad

y siempre que las medidas judicialmente impuestas hayan sido ejecutadas en su plenitud o hayan prescrito. La cancelación se llevará a cabo por el Ministerio de Justicia de oficio.
El ámbito de actividad del Registro de sentencias firmes se extiende a todo el territorio nacional.

Regulación normativa: DA Tercera LORPM; Real Decreto 95/2009, de 6 de febrero, por el que se regula el Sistema de registros administrativos de apoyo a la Administración de Justicia.

REGLAS ESPECIALES DE APLICACIÓN Y DURACIÓN DE LAS MEDIDAS

La LORPM establece dos supuestos, incorporando en cada uno de ellos diferentes posibilidades:
1º Cuando se trate de hechos susceptibles de medida de internamiento en régimen cerrado, el Juez, oído el Ministerio Fiscal, las partes personadas y el equipo técnico, actuará conforme a las reglas siguientes: a) Si al tiempo de cometer los hechos el menor tuviere catorce o quince años de edad, la medida podrá alcanzar tres años de duración. Si se trata de prestaciones en beneficio de la comunidad, dicho máximo será de ciento cincuenta horas, y de doce fines de semana si la medida impuesta fuere la de permanencia de fin de semana. b) Si al tiempo de cometer los hechos el menor tuviere dieciséis o diecisiete años de edad, la duración máxima de la medida será de seis años; o, en sus respectivos casos, de doscientas horas de prestaciones en beneficio de la comunidad o permanencia de dieciséis fines de semana. En este segundo caso, cuando el hecho revista extrema gravedad, el Juez deberá imponer una medida de internamiento en régimen cerrado de uno a seis años, complementada sucesivamente con otra medida de libertad vigilada con asistencia educativa hasta un máximo de cinco años. Sólo podrá modificarse o sustituirse la medida una vez transcurrido el primer año de cumplimiento efecti-

vo de la medida de internamiento. Se entenderán siempre supuestos de extrema gravedad aquellos en los que se apreciara reincidencia.
2º Cuando el hecho sea constitutivo de alguno de los delitos tipificados en los artículos 138, 139, 179, 180 y 571 a 580 del Código Penal, o de cualquier otro delito que tenga señalada en dicho Código o en las leyes penales especiales pena de prisión igual o superior a quince años, el Juez deberá imponer las medidas siguientes: a) Si al tiempo de cometer los hechos el menor tuviere catorce o quince años de edad, una medida de internamiento en régimen cerrado de uno a cinco años de duración, complementada en su caso por otra medida de libertad vigilada de hasta tres años. b) Si al tiempo de cometer los hechos el menor tuviere dieciséis o diecisiete años de edad, una medida de internamiento en régimen cerrado de uno a ocho años de duración, complementada en su caso por otra de libertad vigilada con asistencia educativa de hasta cinco años y solo podrá hacerse uso de las facultades de modificación, suspensión o sustitución de la medida impuesta, cuando haya transcurrido al menos, la mitad de la duración de la medida de internamiento impuesta.
Cuando se trate de delitos de los artículos 571 a 580 del Código Penal, el Juez también impondrá al menor una medida de inhabilitación absoluta por un tiempo superior entre cuatro y quince años al de la duración de la medida de internamiento en régimen cerrado impuesta, atendiendo proporcionalmente a la gravedad del delito, el número de los cometidos y a las circunstancias que concurran en el menor.
Las medidas de libertad vigilada previstas en los párrafos anteriores deberán ser ratificadas mediante auto motivado, previa audiencia del Ministerio Fiscal, del letrado del menor y del representante de la entidad pública de protección o reforma de menores al finalizar el internamiento, y se llevará a cabo por las instituciones públicas encargadas del cumplimiento de las penas.

Regulación normativa: artículo 10 LORPM.

Jurisprudencia: STC 160/2012, de 20 de septiembre (*Tol 2509047*); STS 699/2012, de 24 de septiembre (*Tol 2662580*); SAP Salamanca, 55/2010, de 25 de junio; SSAP Madrid, sec. 4ª, 24/2012, de 22 de febrero (*Tol 2477195*), 118/2013, de 16 de septiembre (*Tol 4115236*) y 7/2014, de 17 de enero (*Tol 4117466*); SAP Barcelona, sec. 3ª, 517/2012, de 11 de junio (*Tol 2601143*); SAP Pontevedra, sec. 2ª, 357/2011, de 19 de diciembre (*Tol 2341173*); SAP La Coruña, sec. 2ª, 176/2012, de 30 de abril (*Tol 2565343*).

REINCIDENCIA

El CP ofrece un concepto de reincidencia en virtud del cual existe reincidencia cuando el sujeto, al cometer el delito, ya hubiese sido condenado en sentencia firme por un delito comprendido en el mismo Título del Código Penal, siempre que ambos sean de la misma naturaleza.

Por el contrario, en la LORPM sólo se alude a la reincidencia en el último párrafo del artículo 10 al relacionarlo con el concepto de "extrema gravedad" al que se refiere el párrafo precedente del mismo precepto.

Al carecer la LORPM de un concepto de reincidencia habrá que acudir a la definición de reincidencia que da el CP. Conforme a la misma habrá reincidencia cuando se hubiese impuesto ya al menor al menos una medida en sentencia firme en el momento de cometer el delito y éste se trate de un delito comprendido en el mismo Título de Código Penal que aquel por el que se adoptó una medida respectó de él.

Sin embargo, cuando se trata de apreciar la específica reincidencia que viene exigida por el artículo 10 LORPM para apreciar la "extrema gravedad", la reincidencia ha de entenderse en función de la definición del artículo 22.8 CP, esto es, debe exigirse que el delito por el que el menor fue ejecutoriamente condenado esté incluido en el mismo Título que el delito posterior y que ambos sean de la misma naturaleza, pero, además, ha de exigirse que cada uno de esos delitos resulte encuadrable en alguna de las modalidades contempladas en los apartados a), b) y c) del artículo 9.2. LORPM. Es decir, la reincidencia que ha de dar lugar a la apreciación de la "extrema gravedad" ha de ser más exigente en sus requisitos que la reincidencia definida en el artículo 22.8 del Código Penal.

Así, por ejemplo, no cabrá apreciar reincidencia, a efectos de realizar la calificación de "extrema gravedad" prevista en el artículo 10 LORPM, entre el delito de robo con fuerza en las cosas por el que un menor fue previamente condenado y el delito de robo con violencia por el que ha sido enjuiciado, pues aunque ambos delitos están comprendidos en el mismo Título del Código Penal y ambos son de la misma naturaleza, sin embargo el delito de robo con fuerza previamente cometido por el menor no consta que fuera encuadrable en ninguno de los apartados a), b) o c) del artículo 9.2. de la LORPM.

Regulación normativa: artículo 10.1.b) LORPM; artículo 67.1 RLORPM; artículo 22.8 CP.

Jurisprudencia: SAP de Madrid 118/2013, de 16 de septiembre (*Tol 4115236*); SAP de Madrid 7/2014, de 17 de enero (*Tol 4117466*)

REPARACIÓN DEL DAÑO CAUSADO

La reparación del daño termina con el conflicto jurídico iniciado por causa del menor, para ello se requiere, además de la satisfacción psicológica, que el menor ejecute el compromiso contraído con la víctima o perjudicado de reparar el daño causado, bien mediante trabajos en beneficio de la comunidad, bien mediante acciones adaptadas a las necesidades del sujeto, cuyo beneficiario sea la propia víctima o perjudicado.

Regulación normativa: artículo 19 LORPM; artículo 5 RLORPM.

Jurisprudencia: SAP de Ávila 242/2012, de 26 de noviembre (*Tol 5355070*); AAP de Huelva de 23 de noviembre de 2010 (*Tol 3583417*).

REPETICIÓN

La responsabilidad civil de las aseguradoras es un responsabilidad directa, no subsidiaria, por la que el asegurador se obliga, dentro de los límites que establezca la ley y el contrato, en caso de que se produzca el evento asegurado, a indemnizar a un tercero por los daños y perjuicios causados.
La responsabilidad de los aseguradores se extiende hasta el límite de la indemnización legalmente establecida en el caso del seguro obligatorio de responsabilidad civil derivada del uso y circulación de vehículos a motor y, hasta el límite pactado por las partes en los casos en que se haya concertado el seguro de forma voluntaria.
El asegurador tiene derecho de repetición contra quien corresponda.
La responsabilidad civil de las aseguradoras en relación con los daños que causen los menores al cometer una infracción penal se centra, sobre todo, en el alcance del seguro de responsabilidad civil de vehículos a motor o ciclomotores

Regulación normativa: artículo 63 LORPM; artículo 117 CP; artículos 764 y 765 LECrim; artículo 76 LCS.

Jurisprudencia: SAP de Ciudad Real 1/2006, de 23 de junio (*Tol 992930*); SAP de Barcelona 1015/2012, de 18 de diciembre (*Tol 2732080*); SAP de Madrid 173/2012, de 28 de diciembre (*Tol 3055249*); SAP de Tarragona 389/2014, de 6 de octubre (*Tol 4583392*); AAP de Sevilla de 30 de enero de 2003.

REPRESENTANTE LEGAL

Hasta adquirir la mayoría de edad, el menor se encuentra bajo la protección de sus padres, titulares de la patria potestad y representantes legales, quienes en unas ocasiones podrán actuar por si solos y en otras necesitaran la autorización judicial para realizar determinados actos dispositivos de importancia jurídica y económica.

En numerosos trámites del proceso se alude a la necesidad de que el menor acuda con su representante legal. Para determinar quien ostenta la representación legal del menor de 18 años hay que acudir a la normativa civil sobre la materia. En principio habrá de asistir al menor el representante de la patria potestad, esto es, padres naturales o adoptivos, en defecto de éstos los tutores, guardadores o acogedores.

Regulación normativa: artículo 17.1 LORPM; artículos 162 y ss. CC.

Jurisprudencia: SAP de Zaragoza de 14 de septiembre de 1999 (*Tol 394401*).

REPROCHE

La actuación del Ministerio Fiscal tiene por objeto, durante su actuación instructora, valorar la participación del menor en los hechos para expresarle el reproche que merece su conducta, reproche que se hará efectivo a través de la sentencia definitiva donde dictaminara la medida que debe serle aplicada al menor por la comisión de una infracción penal.
Juicio de reproche que el legislador introduce asimismo en relación con la modificación de la medida impuesta y en relación con el informe del Equipo Técnico quien puede proponer no continuar la tramitación del expediente en interés del menor, por haber sido expresado suficientemente el reproche al mismo a través de los trámites ya practicados.

Regulación normativa: artículos 13.1, 23.1 y 27.4 LORPM.

Jurisprudencia: STS 699/2012, de 24 de septiembre (*Tol 2662580*).

RESPONSABILIDAD CIVIL

En el caso de menores infractores es el Ministerio Fiscal quien ejercita la acción para exigir la responsabilidad civil salvo que el perjudicado renuncie a ella, la ejercite por sí mismo en el plazo de un mes desde que se le notifica la apertura de la pieza separada de responsabilidad civil o se la reserve para ejercitarla ante el orden jurisdiccional civil.

Al ejercer la acción civil, el Ministerio Fiscal ordena tramitar una pieza separada de responsabilidad civil por cada uno de los hechos imputados al generar cada uno de ellos la correspondiente responsabilidad civil.

Por los daños causados por las infracciones penales cometidas por los menores de edad se establece una responsabilidad civil solidaria del menor con los padres, tutores, acogedores y guardadores legales o de hecho.

Lo que el legislador ha pretendido es que la responsabilidad de orden civil recaiga, de entre aquellas personas que en el artículo 61.3 se enumeran, en la que en el momento de causarse los daños por el menor ejerciera sobre el mismo los contenidos de la patria potestad, o alguno de ellos. El fundamento de esa responsabilidad conjunta y solidaria por parte de personas o entidades integradas en distintas categorías de sujetos respondería al control, siquiera potencial, que pueden ejercer sobre la conducta del menor y por tanto la posibilidad que tienen para prevenir y evitar sus actos ilícitos generadores de una conducta dañosa, pues sería absurdo, por ejemplo, el atribuir a unos padres a quienes se les hubiera privado de la patria potestad la obligación de responder por los daños y perjuicios causados por un hijo cuya guarda y custodia se hubiera encomendado a un tutor, acogedor, etc. De ahí que el orden previsto legalmente en el artículo 61.3 no supone un orden de exclusión automática y sucesiva, de modo que existiendo padre se excluya al tutor, al acogedor o guardador, pues ello sólo sería así, si la existencia del mismo va acompañada del ejercicio de la totalidad o haz de facultades conjuntas que integran la patria potestad. Por el contrario, si parte de las facultades se delegan manteniendo una facultad de superior vigilancia y cuidado, lo propio es compartir responsabilidades, debiendo en todo caso

responder de forma solidaria y sin perjuicio de las acciones civiles que puedan corresponder entre sí a los corresponsables solidarios.
En suma, se parte de la posibilidad de concurrencia de distintos responsables, siempre que participaran en el proceso de gestión educativa del menor y ejerzan sobre el mismo un control, aunque sea potencial, de su comportamiento (*Vid.* Moderación de la responsabilidad civil).
La responsabilidad civil comprende:
1. La restitución del bien: supone el deber de restituir el mismo bien siempre que sea posible incluso si ese bien se encuentra en manos de una tercera persona que lo haya adquirido de buena fe y legalmente. La única excepción a este principio general es el caso en el que el tercero haya adquirido el bien en la forma y con los requisitos establecidos por las Leyes para hacerla irreivindicable.
La restitución de la cosa ha de completarse con el abono de los deterioros y menoscabos sufridos.
2. La reparación del daño: supone la obligación de dar, hacer o no hacer que determine el juez en función de la naturaleza del daño, de las condiciones personales y patrimoniales del culpable, lo que conlleva que esas obligaciones han de ser cumplidas por el o ejecutadas a su costa.
3. La indemnización de los perjuicios materiales y morales: la cuantía de dicha indemnización comprende no solo los que se han causado al perjudicado, sino también a sus familiares y terceros, entendiendo por éstos últimos las personas naturales o jurídicas que sufren los perjuicios causados por el delito.

Regulación normativa: artículos 61 y ss. LORPM; artículos 109 y ss. CP; artículos 1089 y 1902 CC.

Jurisprudencia: SAP de Burgos 227/2010, de 11 de noviembre (*Tol 2038698*); SAP de Albacete 398/2014, de 12 de noviembre (*Tol 4174710*); SAP de Burgos 110/2015, de 27 de marzo (*Tol 4836768*); SAP de Les Illes Balears 172/2015, de 19 de junio (*Tol 5205668*).

RESPONSABILIDAD CIVIL DE COMUNIDADES AUTÓNOMAS

Los sujetos pasivos obligados por la responsabilidad civil establecida en la LORPM son, en primer lugar, el propio menor y, en segundo lugar, pero solidariamente con él, sus padres, tutores, acogedores o guardadores legales o de hecho, por este orden. Si bien, el art. 61.3 LORPM no establece un orden excluyente, de los llamados a la responsabilidad solidaria, no siendo preciso demandar antes a los padres si la entidad pública tiene la guardia y custodia del menor.

El fundamento de la responsabilidad civil de las Comunidades Autónomas se basa en la responsabilidad solidaria conjunta de carácter objetivo con el menor del que ostenta su guarda conforme a lo dispuesto por el artículo 61 LORPM (*Vid.* Responsabilidad civil; *Vid.* Moderación de la responsabilidad civil).

Regulación normativa: artículos 61 y ss. LORPM; artículos 109 y ss. CP.

Jurisprudencia: SAP de Tarragona 28/2012, de 19 de enero (*Tol 2473638*); SAP de Ciudad Real 3/2013, de 14 de febrero (*Tol 3407818*); SAP de Málaga 212/2013, de 3 de abril (*Tol 44337*); SAP de Lugo 62/2015, de 31 de marzo (*Tol 4945452*).

RESPONSABLE DE LA EJECUCIÓN

Profesional designado por la entidad pública de reforma en las medidas no privativas de libertad y que será el responsable de su ejecución. La designación debe realizarse en el plazo máximo de cinco días y comunicarse al Juzgado correspondiente. Deberá elaborar el programa individual de ejecución dentro del plazo establecido en el RLORPM.

Regulación normativa: artículo 46.3 LORPM; artículo 10.1.3ª RLORPM.

REVISIÓN DE LA MEDIDA POR CONCILIACIÓN

Si durante la ejecución de la medida el menor manifestara su voluntad de conciliarse con la víctima o perjudicado, o de repararles por el daño causado, la entidad pública informará al Juzgado de Menores y al Ministerio Fiscal de dicha circunstancia, realizará las funciones de mediación correspondientes entre el menor y la víctima e informará de los compromisos adquiridos y de su grado de cumplimiento al Juez y al Ministerio Fiscal, a los efectos de lo dispuesto en el artículo 51.3 de la LORPM. Si la víctima fuera menor, deberá recabarse autorización del Juez de Menores. Las funciones de mediación llevadas a cabo con menores internados no podrán suponer una alteración del régimen de cumplimiento de la medida impuesta, sin perjuicio de las salidas que para dicha finalidad pueda autorizar el Juzgado de Menores competente (*Vid.* Modo de llevar a cabo las resoluciones extrajudiciales).

Regulación normativa: artículo 51.3 LORPM; artículos 5.3 y 15 RLORPM.

S

SALIDAS DE FIN DE SEMANA

Salidas que pueden disfrutar los menores internados por sentencia firme en régimen abierto y semiabierto. Como norma general, su duración irá desde las 16 horas del viernes hasta las 20 horas del domingo, pudiendo ampliarse en 24 horas más si el viernes o el lunes es festivo. Además de los requisitos que se señalan a continuación, deberán concurrir los requisitos establecidos en el RLORPM para la concesión de permisos ordinarios.

Los menores internados en régimen abierto podrán disfrutar de salidas todos los fines de semana, salvo que la evolución en el tratamiento aconseje otra frecuencia de salidas y ello se haya comuni-

cado motivadamente al fiscal y al Juez de Menores competente. Los internados en régimen semiabierto podrán disfrutar, como norma general, de una salida al mes hasta cumplir el primer tercio del período de internamiento y de dos salidas al mes durante el resto, salvo que la evolución del menor aconseje otra cosa.
La autorización para la salida compete al director del centro o al órgano que la entidad pública haya establecido en su normativa, pudiéndose establecer que personal del centro u otras personas autorizadas por la entidad pública acompañen al menor, cuando las circunstancias así lo aconsejen. De la autorización de las salidas de fin de semana y de su periodicidad se dará cuenta al Juez de Menores competente. Asimismo, se les dará cuenta del acuerdo de denegar o suspender el permiso o el derecho a su concesión.
Los menores internados por sentencia firme en régimen cerrado, una vez cumplido el primer tercio del período de internamiento, cuando la buena evolución personal durante la ejecución de la medida lo justifique y ello favorezca el proceso de reinserción social, podrán disfrutar de una salida de fin de semana al mes, siempre que cumplan los requisitos establecidos y el Juez de Menores competente lo autorice.
La comisión de faltas disciplinarias muy graves y graves puede llevar acarreada la sanción de privación de salidas de fin de semana.

Regulación normativa: artículos 56.2.h), 60.3 y 60.4 LORPM; artículos 46, 51 y 52 RLORPM.

SALIDAS PROGRAMADAS

Son aquellas salidas que, sin ser propias del régimen de internamiento abierto o semiabierto, ni constituir permisos ni salidas de fin de semana, organiza el centro para el desarrollo del programa individualizado de ejecución de la medida. Pueden disfrutar de estas salidas los menores internados en régimen abierto y semiabierto cuando formen parte del programa individualizado de ejecución de la medida. Se llevan a cabo preferentemente durante los fines de semana y festivos, aunque también pueden programarse en días laborales siempre que sean compatibles con los horarios de actividades del menor. Como regla general, su duración será inferior a 48 horas, sin perjuicio de que se pueda autorizar otra cosa con carácter excepcional. Los requisitos de concesión y el órgano competente para autorizar la salida serán los establecidos en el RLORPM para la concesión de permisos ordinarios. Los menores que cumplan medida firme de internamiento en régimen cerrado, podrán disfrutar de salidas programadas una vez cumplido el primer tercio del período de internamiento, cuando la buena evolución personal durante la ejecución de la medida lo justifique y ello favorezca el proceso de integración social, cuando el Juez de Menores competente lo autorice. La comisión de faltas disciplinarias muy graves y graves puede llevar acarreada la sanción de privación de salidas recreativas.

Regulación normativa: artículos 56.2.h), 60.3 y 60.4 LORPM; artículos 48, 51 y 52 RLORPM.

SALIDAS Y PERMISOS DE MENORES EN INTERNAMIENTO TERAPÉUTICO

Las salidas, permisos y comunicaciones con el exterior de los menores sometidos a internamiento terapéutico se autorizarán, en el marco del programa individual de tratamiento, por el Juez de Menores y podrán ser dejadas sin efecto por éste, en cualquier momento, si el menor incumple las condiciones.

Regulación normativa: artículo 56.2.h) LORPM; artículos 50 a 52 RLORPM.

Jurisprudencia: AJM Soria, de 9 de noviembre de 2007.

SALIDAS Y PERMISOS DE MENORES SOMETIDOS A MEDIDA CAUTELAR DE INTERNAMIENTO

La autorización de cualquier permiso o salida a los menores sometidos a medida cautelar de internamiento se someterá al mismo régimen que el previsto cuando se imponga por sentencia.

Regulación normativa: artículo 56.2.h) LORPM; artículos 49, 51 y 52 RLORPM.

SANCIÓN DE SEPARACIÓN

Vid. Separación de grupo.

SANCIONES DISCIPLINARIAS

Las sanciones se dividen en función de las faltas cometidas en muy graves, graves y leves.
Las sanciones disciplinarias que se pueden imponer a los menores son:

- La separación del grupo, ya sean por días consecutivos o por fines de semana.
- La privación de salidas de fin de semana.
- La privación de salidas de carácter recreativo.
- La privación de participar en las actividades recreativas del centro.
- La amonestación.

Regulación normativa: artículo 60 LORPM; artículos 65 y 66 RLORPM.

SANCIONES POR FALTAS GRAVES

Por la comisión de faltas graves se podrán imponer las siguientes sanciones: a) La separación del grupo hasta dos días como máximo.

b) La separación del grupo por un tiempo de uno a dos fines de semana. c) La privación de salidas de fin de semana de uno a 15 días. d) La privación de salidas de carácter recreativo por un tiempo máximo de un mes. e) La privación de participar en las actividades recreativas del centro por un tiempo de siete a 15 días.

Regulación normativa: artículo 60.4 LORPM; artículo 65.3 RLORPM.

SANCIONES POR FALTAS LEVES

Por la comisión de faltas leves las sanciones que podrán imponerse son: a) La privación de participar en todas o en algunas de las actividades recreativas del centro por un tiempo de uno a seis días. b) La amonestación.

Regulación normativa: artículo 60.5 LORPM; artículo 65.4 RLORPM.

SANCIONES POR FALTAS MUY GRAVES

Por la comisión de faltas muy graves se podrán imponer las siguientes sanciones: a) La separación del grupo por tiempo de tres a siete días en casos de evidente agresividad, violencia y alteración grave de la convivencia. b) La separación del grupo por tiempo de tres a cinco fines de semana. c) La privación de salidas de fin de semana de 15 días a un mes. d) La privación de salidas de carácter recreativo por un tiempo de uno a dos meses.

Regulación normativa: artículo 60.3 LORPM; artículo 65.2 RLORPM.

SECRETARIO JUDICIAL

En el proceso de menores la Ley Orgánica 8/2006 amplió las misiones del Secretario Judicial redefiniendo y potenciando la figura del mismo. En este sentido, el Secretario Judicial es quien debe informar a víctimas y perjudicados del derecho a participar en el procedimiento penal y cómo pueden ejercer tal derecho. Asimismo es el encargado de dar traslado de las actuaciones a las partes personadas en la apertura de la fase de audiencia; la de informar al menor de la imputación y medidas solicitadas; custodiar el registro de sentencias; practicar la liquidación de la medida impuesta; la notificación del cumplimiento de la medida y las notificaciones durante la tramitación de la pieza de responsabilidad civil.

Regulación normativa: artículos 4, 31, 36.1, 39.3 y 46.1 LORPM; artículos 53.1 y 64 RLORPM.

SECRETO DEL EXPEDIENTE

A petición del Ministerio Fiscal, del menor o de su familia o bien de quien ejercite la acción penal, el Juez de Menores puede decretar el secreto del expediente mediante auto motivado. El secreto puede ser decretado durante la instrucción o durante un período limitado de la misma. Asimismo el secreto puede afectar a todo el expediente o a parte del mismo.

La finalidad de acordar el secreto del expediente tiene por objeto asegurar y facilitar la investigación, aunque, en el caso de los menores, también puede ir dirigida a salvaguardar su interés y a evitar que transciendan datos de las diligencias, cuya difusión podría ser perjudicial para el menor (*Vid.* Expediente).

Regulación normativa: artículo 24 LORPM; artículos 301 y 302 LECrim.

Jurisprudencia: STC 176/1988, de 4 de octubre (*Tol 80024*).

SENTENCIA DE CONFORMIDAD

Los artículos 32 y 36 de la LORPM regulan de forma claramente separada la conformidad del menor del acto del juicio propiamente dicho. Una vez prestada la conformidad por el menor con la medi-

da solicitada no constando la oposición de su letrado, el Juez debe dictar sentencia de conformidad sin necesidad de justificar otras posibles hipótesis.
La Ley prevé dos tipos de conformidad que, aunque conexas, son independientes. Por un lado, una conformidad limitada que se produce durante la fase intermedia a través del escrito de alegaciones presentado por la defensa del menor y que requiere de la concurrencia de los siguientes requisitos:
a) que la medida sancionadora pedida por las partes acusadoras no implique una restricción del derecho fundamental a la libertad del menor, es decir, que no se trata de una medida de internamiento, cualquiera que sea la modalidad del mismo.
b) que exista conformidad por parte del menor y de su letrado.
c) que la conformidad se ratifique por el menor y su letrado en la comparecencia convocada al efecto por el Juzgado de Menores.
Por otro lado, una conformidad ilimitada o plena en la audiencia o juicio oral que, a diferencia de la conformidad limitada, podrá ser reclamada para cualquier tipo de sanción, incluida la sanción de internamiento y que tiene una regulación claramente diferenciada: a) en éste último supuesto el menor también puede conformarse con la imposición de una medida de internamiento, aunque por aplicación supletoria de la Ley de Enjuiciamiento Criminal es discutible que pueda conformarse con una medida de internamiento de una duración superior a los seis años.
b) no es imprescindible que concurra la conformidad del letrado del menor, dado que el artículo 36 LORPM dispone expresamente que cuando el letrado no estuviera de acuerdo con la conformidad prestada por el propio menor, el Juez resolverá sobre la continuación o no de la audiencia, razonando esta decisión en la sentencia.
Si el menor está conforme con los hechos pero no con la medida solicitada, se sustanciará el trámite de audiencia, solo en lo relativo a este último extremo, en cuyo caso la prueba solo podrá versar sobre la idoneidad de la medida, pero no para determinar la tipicidad del hecho o su autoría. Si no existiese conformidad con la responsabili-

dad civil solicitada su sustanciación no será posterior a la sentencia penal, sino que se ventilarán ambas pretensiones simultáneamente.

Regulación normativa: artículos 32 y 36.2 LORPM.

Jurisprudencia: AAP de Barcelona 89/2013, de 15 de enero; SJM núm.1 de Barcelona 291/2012, de 18 de diciembre (*Tol 4422426*); SJM núm. 1 de Barcelona 137/2013, de 11 de junio (*Tol 4418152*).

SENTENCIA FIRME

Sentencia firme es aquella contra la que no cabe interposición de recurso alguno.
Una vez que la sentencia es firme se practica la correspondiente liquidación de la medida por el Secretario del Juzgado de Menores, a no ser que proceda la suspensión (*Vid.* Liquidación de la medida).

Regulación normativa: artículo 46 LORPM; artículo 141 LECrim.

SEPARACIÓN DE GRUPO

La separación del grupo es una de las sanciones previstas en el artículo 60 de la LORPM por la comisión de faltas disciplinarias muy graves y graves, distinguiéndose dos tipos: separación y separación durante fines de semana. Por la comisión de faltas muy graves su duración será de tres a siete días o de tres a cinco fines de semana. En el caso de faltas graves la duración será de dos días o, en el caso de separación de fin de semana, uno o dos fines de semana. En ningún caso el cumplimiento sucesivo de diversas sanciones impuestas en el mismo o en diferentes procedimientos disciplinarios supondrá para el menor estar consecutivamente más de siete días o más de cinco fines de semanas en situación de separación de grupo.
La sanción de separación supondrá que el menor permanecerá en su habitación o en otra de análogas características a la suya, durante el horario de actividades del centro, excepto para asistir, en su caso,

a la enseñanza obligatoria, recibir visitas y disponer de dos horas de tiempo al día al aire libre.

La sanción de separación por la comisión de faltas muy graves o faltas graves solamente se podrá imponer en los casos en los que se manifieste una evidente agresividad o violencia por parte del menor, o cuando éste, reiterada y gravemente, altere la normal convivencia en el centro.

Durante el cumplimiento de la sanción de separación, el menor dispondrá de dos horas al aire libre y deberá asistir, en su caso, a la enseñanza obligatoria y podrá recibir las visitas de previstas en los artículos 40 y 41 del RLORPM. Durante el horario general de actividades se programarán actividades individuales alternativas que podrán realizarse dentro de la habitación.

Diariamente visitará al menor el médico o el psicólogo que informará al director del centro sobre el estado de salud física y mental del menor, así como sobre la conveniencia de suspender, modificar o dejar sin efecto la sanción impuesta.

La sanción de separación de grupo no se aplicará a las menores embarazadas, a las menores hasta que hayan transcurrido seis meses desde la finalización del embarazo, a las madres lactantes y a las que tengan hijos en su compañía. Tampoco se aplicará a los menores enfermos y se dejará sin efecto en el momento en que se aprecie que esta sanción afecta a su salud física o mental.

Regulación normativa: artículo 60 LORPM; artículos 65, 66 y 68 RLORPM.

Jurisprudencia: STC 2/1987, de 21 de enero (*Tol 340215*); STS de 10 de noviembre de 2006, Sala 3ª, Sección 6ª (*Tol 1018735*).

SEPARACIÓN INTERIOR

La separación interior es la ubicación de los menores dentro de los diferentes módulos o unidades de los centros atendiendo a diversos criterios. Señala el artículo 54.3 de la LORPM que los centros estarán divididos en módulos adecuados a la edad, madurez, necesidades

y habilidades sociales de los menores internados y se regirán por una normativa de funcionamiento interno cuyo cumplimiento tendrá como finalidad la consecución de una convivencia ordenada, que permita la ejecución de los diferentes programas de intervención educativa y las funciones de custodia de los menores internados.
El artículo 33 del RLORPM, después de repetir los mismos criterios, añade que los menores que por cualquier circunstancia personal requieran de una protección especial estarán separados de aquellos que les puedan poner en situación de riesgo o de peligro mediante su traslado bien a otro módulo del mismo centro, bien a otro centro, previa autorización del Juez de Menores en este último caso.

Regulación normativa: artículo 54.3 LORPM; artículo 33 RLORPM.

SÍNDROME DE ABSTINENCIA

No basta con ser drogadicto en una u otra escala, de uno u otro orden para pretender la aplicación de circunstancias atenuantes, porque la exclusión total o parcial o la simple atenuación ha de resolverse en función de la imputabilidad, o sea de la incidencia de la ingestión de la droga en las facultades intelectivas y volitivas del sujeto.
La larga dependencia de drogas como la cocaína, potenciada por otras dependencias, producen una considerable modificación de la personalidad que, orientada a la consecución de medios para proveerse la droga, sumada a la seria disminución de la capacidad para lograrlos mediante un trabajo normalmente remunerado, afecta de una manera especial la capacidad de comportarse de acuerdo con la comprensión de la ilicitud. Dentro del mismo, cabe analizar todas aquellas conductas en las cuales el sujeto se ha determinado bajo el efecto de la grave adicción a sustancias estupefacientes, siempre que tal estado no haya sido buscado con el propósito de cometer la infracción delictiva o no se hubiere previsto o debido prever su comisión, en correspondencia con la doctrina de la "actio libera in causa".

La drogadicción produce efectos exculpatorios cuando se anula totalmente la capacidad de culpabilidad, lo que puede acontecer bien cuando el drogodependiente actúa bajo la influencia directa del alucinógeno que anula de manera absoluta el psiquismo del agente, bien cuando el drogodependiente actúa bajo la influencia indirecta de la droga dentro del ámbito del síndrome de abstinencia, en el que el entendimiento y el querer desaparecen a impulsos de una conducta incontrolada, peligrosa y desproporcionada, nacida del trauma físico y psíquico que en el organismo humano produce la brusca interrupción del consumo o la brusca interrupción del tratamiento deshabituador a que se encontrare sometido. A ambas situaciones se refiere el artículo 20.2 CP, cuando requiere bien una intoxicación plena por el consumo de tales sustancias, o bien se halle el sujeto bajo un síndrome de abstinencia, a causa de su dependencia de tales sustancias, impidiéndole, en todo caso, comprender la ilicitud del hecho o actuar conforme a esa comprensión.
Para que el síndrome de abstinencia exima de responsabilidad penal se requiere una afectación de semejante entidad que en la enfermedad mental.

Regulación normativa: artículo 20.2º CP.

Jurisprudencia: SSTS de 6 de noviembre de 2009 (*Tol 1762142*), de 8 de marzo de 2010 (*Tol 1808643*).

SOBRESEIMIENTO DE LAS ACTUACIONES

A la vista de las alegaciones de las partes, el Juez de Menores puede adoptar diversas decisiones y entre ellas se halla el sobreseimiento de las actuaciones.
Al igual que sucede en el enjuiciamiento penal común, el sobreseimiento se adopta por medio de auto debidamente motivado ante la imposibilidad de acordar la apertura del juicio oral, bien porque se estima que el hecho no existió, no es constitutivo de delito o la persona imputada no es autora de mismo o bien porque no se dispone

de elementos suficientes en relación con esos extremos para acordar la procedencia del juicio oral.

El sobreseimiento puede ser libre y, por tanto, da lugar al archivo definitivo de la causa, o provisional que supone un archivo temporal de las actuaciones, lo que posibilita la reapertura de la causa ante la aparición de nuevos elementos fácticos o probatorios.

Son causas de sobreseimiento libre las siguientes:

1. La inexistencia de indicios racionales de perpetración del delito.
2. Que los hechos objeto de la causa no sean típicos.
3. La existencia de alguna causa de exención de la responsabilidad criminal.
4. La solicitud de sobreseimiento por el Ministerio Fiscal en el caso de que exista conciliación o reparación del menor con la víctima o desarrollo de una tarea socio-educativa por el menor.
5. La solicitud de sobreseimiento por el Ministerio Fiscal con remisión de actuaciones a la entidad pública de protección de menores, cuando exista un informe del Equipo Técnico donde consta la no conveniencia de continuar con las actuaciones en interés del menor por haber sido expresado suficientemente el reproche al mismo a través de los trámites ya practicados, o por considerar inadecuada para el interés del menor cualquier intervención, dado el tiempo transcurrido desde la comisión de los mismos.

Son causas de sobreseimiento provisional las siguientes:

1. Cuando no resulte debidamente justificada la perpetración del delito.
2. Cuando no existan motivos suficientes para acusar a determinada o determinadas personas como autores, cómplices o encubridores.
3. Cuando el menor imputado se halle en paradero desconocido y no pueda ser oído ni citado a la audiencia. En este caso se produce el archivo provisional de la causa hasta que el imputado sea encontrado.

El sobreseimiento es un modo de terminación anormal del proceso que produce, en todo caso, la conclusión y archivo de la causa, que será definitivo cuando se decrete por alguno de los motivos previstos para el sobreseimiento libre, produciendo los efectos propios de la cosa juzgada en el ámbito penal. Por el contrario, tan solo se suspenderá la causa cuando se adopte por alguno de los motivos de sobreseimiento provisional.

Regulación normativa: artículo 33.b) LORPM; artículos 637, 641 y 782 LECrim.

Jurisprudencia: AAP de Burgos 583/2010, de 23 de julio; AAP de Barcelona 327/2011, de 9 de mayo; AAP de Barcelona 421/2011, de 1 de junio.

SOBRESEIMIENTO DEL EXPEDIENTE

La LORPM haciendo uso flexible del principio de intervención mínima en función del interés superior del menor contempla entre las formas de finalización, el sobreseimiento instado por el Fiscal a propuesta del Equipo Técnico.

El Equipo Técnico puede proponer la conveniencia de no continuar con la tramitación del expediente en interés del menor de manera que el Ministerio Fiscal puede remitir el expediente al Juez con la propuesta de sobreseimiento, siendo éste quien, mediante auto motivado, lo dictará. En caso de que el Juez de Menores considere que no es ajustada a derecho la solicitud de sobreseimiento del Ministerio Fiscal, puede plantear la cuestión ante el superior jerárquico del Ministerio Fiscal. Si éste último confirma la solicitud de sobreseimiento, el Juez de Menores tendrá que sobreseer la causa.

El sobreseimiento del expediente puede tener lugar por conciliación o reparación entre el menor y la víctima.

Los presupuestos para el sobreseimiento del expediente son:

1. Los hechos delictivos han de ser delitos menos graves o faltas, sin violencia o intimidación graves en su comisión.

2. El acuerdo de conciliación o reparación del menor con la víctima. Para que exista conciliación el menor deberá reconocer el daño causado y disculparse ante la víctima y ésta aceptar sus disculpas. Para la reparación es preciso que exista un compromiso del menor con la víctima o perjudicado de realización de determinadas acciones

en beneficio de aquéllos o de la comunidad (*Vid.* Conciliación. *Vid.* Reparación).

Regulación normativa: artículos 19 y 27.4 LORPM.

Jurisprudencia: AAP de Madrid 28/2011, de 11 de febrero (*Tol 3543079*); AAP de Madrid 126/2011, de 15 de julio (*Tol 3625696*).

SUJECIÓN MECÁNICA

Es uno de los medios de contención previstos legalmente. La sujeción mecánica incluye instrumentos o mecanismos de inmovilización corporal, sobre cuya correcta utilización debe contar el personal del centro con una formación básica para evitar posibles lesiones derivadas de su incorrecto manejo tales como quemaduras por abrasión, lesiones articulares, etc. (*Vid.* Medios de contención).

Regulación normativa: artículo 59.2 LORPM; artículo 55 RLORPM.

Jurisprudencia: STS de 10 de noviembre de 2006 (*Tol 1018735*).

SUPERIOR INTERÉS DEL MENOR

El ordenamiento jurídico dispensa una protección jurídica específica, particularmente intensa a los menores de edad, es por ello que todas las decisiones jurídicas que les afecten han de estar presididas por la búsqueda de su superior interés (*Vid.* Interés superior del menor).

SUSPENSIÓN DE LA EJECUCIÓN DEL FALLO

El Juez puede acordar la suspensión de la ejecución del fallo contenido en la sentencia, cuando la medida impuesta al menor no sea superior a dos años de duración. Dicha suspensión, por tiempo determinado y hasta un máximo de dos años, se acuerda en la propia sentencia o por auto motivado.

Dicha suspensión puede el Juez acordarla de oficio, a instancia del Ministerio Fiscal o del letrado del menor así como del representante del Equipo Técnico y de la entidad pública de protección o reforma de menores.

La suspensión no alcanza al pronunciamiento de la responsabilidad civil derivada del delito.

Las condiciones a las que está sometida la suspensión de la ejecución del fallo son:

1. No ser condenado en sentencia firme como menor o como adulto durante el tiempo que dure la suspensión por un hecho delictivo realizado durante la misma.
2. Compromiso de mostrar una actitud y disposición de reintegrarse a la sociedad, no incurriendo en nuevas infracciones penales.
3. Posibilidad de aplicar un régimen de libertad vigilada u obligar a la realización de tareas socioeducativas.

Una vez transcurrido el plazo de suspensión fijado sin haber delinquido y cumplidas, en su caso, las restantes condiciones, queda extinguida la responsabilidad penal.

Si el menor incumple las condiciones impuestas, el Juez alzará la suspensión y se procederá a ejecutar la sentencia en todos sus extremos.

Regulación normativa: artículo 40 LORPM; artículos 80 a 87 CP.

Jurisprudencia: AAP de Girona 350/2002, de 16 de julio (*Tol 264895*); AAP de Guipúzcoa 109/2005, de 11 de octubre (*Tol 758886*); AAP de Soria 90/2011, de 6 de junio; AAP de Sevilla 393/2011, de 16 de junio (*Tol 3564037*).

SUSPENSIÓN Y REVOCACIÓN DE PERMISOS Y SALIDAS

Cuando antes de iniciarse el disfrute de un permiso ordinario, de un permiso extraordinario, de una salida de fin de semana o de una salida programada se produzcan hechos que modifiquen las circunstancias que propiciaron su concesión, la entidad pública podrá suspenderlos motivadamente. Si el permiso o la salida se hubiese autorizado por el Juez de Menores, la suspensión tendrá carácter provisional y se pondrá inmediatamente en conocimiento del Juez para que resuelva lo que proceda. El permiso o la salida quedará sin efecto desde el momento en que el menor se vea imputado en un nuevo hecho constitutivo de infracción penal.

Regulación normativa: artículo 52 RLORPM.

SUSTITUCIÓN DE LAS MEDIDAS

Durante la ejecución de las medidas el Juez de Menores competente para la ejecución podrá, de oficio o a instancia del Ministerio Fiscal, del letrado del menor o de la Administración competente, y oídas las partes, así como el equipo técnico y la representación de la entidad pública de protección o reforma de menores, dejar sin efecto aquellas o sustituirlas por otras que se estimen más adecuadas de entre las previstas en la LORPM, por tiempo igual o inferior al que reste para su cumplimiento, siempre que la nueva medida pudiera haber sido impuesta inicialmente atendiendo a la infracción cometida.

Cuando el Juez de Menores haya sustituido la medida de internamiento en régimen cerrado por la de internamiento en régimen semiabierto o abierto, y el menor evolucione desfavorablemente, previa audiencia del letrado del menor, podrá dejar sin efecto la sustitución, volviéndose a aplicar la medida sustituida de internamiento en régimen cerrado. Igualmente, si la medida impuesta es la de internamiento en régimen semiabierto y el menor evoluciona desfavorablemente, el Juez de Menores podrá sustituirla por la de internamiento en régimen cerrado, cuando el hecho delictivo por la que se impuso sea alguno de los previstos en el artículo 9.2 de la LORPM.

La conciliación del menor con la víctima, en cualquier momento en que se produzca el acuerdo entre ambos a que se refiere el artículo

19 de la LORPM, podrá dejar sin efecto la medida impuesta cuando el Juez, a propuesta del Ministerio Fiscal o del letrado del menor y oídos el equipo técnico y la representación de la entidad pública de protección o reforma de menores, juzgue que dicho acto y el tiempo de duración de la medida ya cumplido expresan suficientemente el reproche que merecen los hechos cometidos por el menor.
Las resoluciones se adoptarán por auto motivado, contra el cual se podrán interponer los recursos previstos en la LORPM.
Las medidas de internamiento en régimen cerrado, impuestas a mayores de 16 años por la comisión de delitos de extrema gravedad previstos en el artículo 10.1.b) de la LORPM, o de delitos tipificados en los artículos 138, 139, 179, 180 y 571 a 580 del Código Penal, o de cualquier otro delito que tenga señalada pena de prisión igual o superior a quince años, a los que hace referencia el artículo 10.2.b) de la LORPM, no se podrán sustituir hasta transcurrido el primer año de cumplimiento en el primer caso, y hasta transcurrida la mitad de la medida de internamiento impuesta en el segundo (*Vid.* Modificación de la medida impuesta).

Regulación normativa: artículos 10.1.b), 10.2.b), 13 y 51 RLORPM.

Jurisprudencia: AAP Madrid, sec. 4ª, 93/2011, de 8 de junio (*Tol 3658668*); AJM Zamora de 10 de abril de 2007.

T

TAREAS SOCIOEDUCATIVAS

Se trata de tareas específicas de carácter formativo, cultural y educativo que debe realizar el menor elaboradas por el profesional designado, conforme a un programa individualizado sobre las tareas a realizar, el lugar donde se llevaran a cabo y el horario de realización de dichas tareas que tienen como fin facilitar al menor el desarrollo de su competencia social (*Vid.* Realización de tareas socioeducativas).

Regulación normativa: artículo 7.1.l LORPM; artículo 21 RLORPM.

TERMINACIÓN DEL EXPEDIENTE DISCIPLINARIO

El expediente disciplinario seguido contra un menor internado finalizará por resolución en la que se acuerde el sobreseimiento del expediente o la imposición de una sanción disciplinaria.

Regulación normativa: artículo 74 RLORPM.

TESTIGOS

En el proceso de menores es de aplicación lo dispuesto en la Ley Orgánica 19/1994, de 23 de diciembre, de protección a testigos y peritos en causas criminales. Tal y como dispone el apartado 2 del artículo 1 de dicha Ley: "Para que sean de aplicación las disposiciones de la presente Ley será necesario que la autoridad judicial aprecie racionalmente un peligro grave para la persona, libertad o bienes de quien pretenda ampararse en ella, su cónyuge o persona a quien se halle ligado por análoga relación de afectividad o sus ascendientes, descendientes o hermanos".

Si el Juez instructor aprecia dicha circunstancia acordará motivadamente, de oficio o a instancia de parte, cuando lo estime necesario en atención al grado de riesgo o peligro, las medidas necesarias para preservar la identidad de los testigos y peritos, su domicilio, profesión y lugar de trabajo, sin perjuicio de la acción de contradicción que asiste a la defensa del procesado, pudiendo adoptar, entre otras, las decisiones siguientes:

1. Que no consten en la diligencias que se practiquen su nombre, apellidos, domicilio, lugar de trabajo y profesión, ni cualquier otro

dato que pudiera servir para la identificación de los mismos, pudiéndose utilizar para ésta un número o cualquier otra clave.
2. Que comparezcan para la práctica de cualquier diligencia utilizando cualquier procedimiento que imposibilite su identificación visual normal.
La declaración de los testigos menores de edad se llevará a cabo evitando la confrontación visual de los mismos con el inculpado, utilizando para ello cualquier medio técnico que haga posible la práctica de esta prueba como a través de videoconferencia u otro sistema similar que permita la comunicación bidireccional y simultánea de la imagen y el sonido.

Regulación normativa: artículo 37.3 LORPM; artículo 731 bis LECrim; Ley Orgánica 19/1994, de 23 de diciembre, de Protección de Testigos y Peritos en causas criminales.

Jurisprudencia: AAP Madrid 121/09, de 13 de mayo; SAP de Santa Cruz de Tenerife 350/2011, de 7 de octubre (*Tol 2367074*); SAP de Baleares 40/2013, de 11 de abril (*Tol 3534615).*

TESTIMONIO

La remisión de testimonio al Ministerio Fiscal tiene en la LORPM una doble vertiente. Primero, en el caso de quebrantamiento de la ejecución se deducirá testimonio para iniciar un procedimiento por posible infracción de condena de los artículos 468 y siguientes del CP. Es el Juez de Menores quien acuerda que el Secretario Judicial remita testimonio de los particulares relativos al quebramiento de la medida al Ministerio Fiscal, por si el hecho fuese constitutivo de delito.
La LORPM alude en otra ocasión más al testimonio cuanto regula la incoación del expediente. En este caso, cuando el delito hubiese sido cometido conjuntamente por menores de dieciocho y mayores de catorce años, el Juez de Instrucción ordenará remitir testimonio de los particulares precisos al Ministerio Fiscal quien admitirá o no

a trámite la denuncia, según que los hechos sean o no indiciariamente constitutivos de delito.

Regulación normativa: artículos 16.5 y 50.3 LORPM.

TRABAJADORES SOCIALES

Los trabajadores sociales, junto a psicólogos y educadores, integran el Equipo Técnico (*Vid.* Equipo Técnico).

Regulación normativa: artículo 4 RLORPM.

TRABAJO

Los menores internos en edad laboral tienen derecho a un trabajo remunerado, dentro de las disponibilidades de la entidad pública, y a las prestaciones sociales que legalmente les correspondan.
El trabajo tiene como finalidad esencial la reinserción laboral de los menores infractores, así como su incorporación al mercado de trabajo, por lo que la práctica laboral se completa con cursos de formación profesional ocupacional u otros programas que mejoren su competencia y capacidad laboral.
El trabajo productivo que se desarrolle en los centros específicos para menores infractores estará dirigido por la entidad pública correspondiente y le será de aplicación la normativa reguladora de la relación laboral especial penitenciaria y de la protección de la Seguridad Social con las dos siguientes especialidades:
1. Tendrá la consideración de empleador la entidad pública correspondiente o la persona física o jurídica con la que tenga establecido el oportuno concierto, sin perjuicio de la responsabilidad solidaria de la entidad pública, respecto a los incumplimientos en materia salarial y de Seguridad Social.
2. Los trabajadores menores de 18 años no podrán realizar trabajos nocturnos, ni aquellas actividades o puestos de trabajo prohibidos a

los menores, ni horas extraordinarias, no podrán trabajar más de 8 horas diarias de trabajo efectivo, la duración del descanso semanal será como mínimo de dos días ininterrumpidos, si la duración de la jornada diaria continuada excede de cuatro horas y media, deberá establecerse un período de descanso durante dicha jornada no inferior a 30 minutos y, en su caso, se podrán establecer reglamentariamente otras especialidades que se consideren necesarias en relación con la normativa existente para los penados.

Regulación normativa: artículo 53 RLORPM.

TRÁMITES DESPUÉS DEL INGRESO

Vid. Ingreso en el centro.

TRASLADOS

El menor puede ser trasladado a un centro de una comunidad autónoma diferente a la del Juzgado de Menores que dictó la resolución de internamiento, siempre que éste lo autorice, en los casos que se contemplan en el Reglamento, esto es: cuando quede acreditado que el domicilio del menor o el de sus representantes legales se encuentra en dicha comunidad autónoma; cuando la entidad pública competente proponga el internamiento en un centro de otra comunidad autónoma distinta para alejar al menor de su entorno familiar y social y cuando la entidad pública competente, por razones temporales de plena ocupación de sus centros, carezca de plaza disponible.

Al menor no se puede trasladar fuera del centro si no se recibe orden o autorización del Juez de Menores. No obstante, el traslado del menor a una institución o centro hospitalario por razones de urgencia no requiere la previa autorización del Juzgado de Menores competente.

En el caso de salidas para la práctica de diligencias procesales las mismas se llevarán a cabo previa orden del órgano judicial correspondiente y se comunicarán por la entidad pública al Juzgado de Menores competente.

Los traslados y conducciones se realizarán respetando la dignidad, la seguridad y la intimidad de los menores.

En los casos en que exista un riesgo fundado para la vida o la integridad física de las personas o para los bienes, el Director del centro puede solicitar a la autoridad competente que los desplazamientos, conducciones y traslados del menor se lleven a cabo por las Fuerzas y Cuerpos de Seguridad del Estado.

En la medida de lo posible, los traslados se realizarán en vehículos sin distintivos y por policías no uniformados, si bien, y a criterio del responsable policial actuante y atendidas las circunstancias de cada caso y la disponibilidad de los recursos existentes, también podrán realizarse en vehículos con distintivos policiales y por personal uniformado. En ambos supuestos, dichos traslados se practicarán siempre de forma separada de los detenidos mayores de edad.

Regulación normativa: artículo 46 LORPM; artículo 35 RLORPM.

TRATAMIENTO AMBULATORIO

Medida no privativa de libertad, que puede acordarse sólo con carácter firme. No puede adoptarse con carácter cautelar, si bien por la vía de carga de conducta dentro de una medida de libertad vigilada sí que podría tener cabida cautelarmente.

Esta medida, o la de internamiento terapéutico, serán obligatorias cuando concurra en el menor alguna de las circunstancias previstas en los números 1, 2 y 3 del artículo 20 del Código Penal.

Los menores sometidos a esta medida habrán de asistir al centro, servicio o institución que, indicado para la problemática detectada, se designe por la entidad pública de reforma, con la periodicidad requerida por los facultativos que les atiendan, seguir las pautas sociosanitarias recomendadas y los controles establecidos para el adecuado tratamiento, seguimiento y control de la anomalía o alteración

psíquica, adicción al consumo de bebidas alcohólicas, drogas tóxicas o sustancias psicotrópicas, o alteraciones en la percepción que padezcan.
La medida puede aplicarse sola o como complemento de otra de las previstas en el artículo 7 de la LORPM.
Cuando el interesado rechace un tratamiento de deshabituación, el Juez habrá de aplicarle otra medida adecuada a sus circunstancias.

Regulación normativa: Exposición de Motivos (nº 20), artículos 5.2 y 7.1.e). LORPM; artículo 16 RLORPM.

TUTOR

El tutor es el representante del menor o incapacitado, salvo para aquellos actos que pueda realizar por sí solo, ya sea por disposición expresa de la Ley o de la sentencia de incapacitación. Los sujetos a tutela deben respeto y obediencia al tutor, que les podrá corregir razonable y moderadamente.
Podrán ser tutores todas las personas que se encuentren en el pleno ejercicio de sus derechos civiles y en quienes no concurra alguna de las causas de inhabilidad establecidas legalmente.
Podrán ser también tutores las personas jurídicas que no tengan finalidad lucrativa y entre cuyos fines figure la protección de menores e incapacitados.
Están sujetos a tutela:
1. Los menores no emancipados que no estén bajo la patria potestad.
2. Los incapacitados, cuando la sentencia lo haya establecido.
3. Los sujetos a la patria potestad prorrogada, al cesar ésta, salvo que proceda la curatela.
4. Los menores que se hallen en situación de desamparo.
La tutela se extingue por la mayoría de edad del menor, por su adopción, por su fallecimiento, por recuperación de la patria potestad del progenitor o progenitores o por resolución judicial que ponga fin a la incapacidad que dio origen a la tutela.

La finalización de la tutela exige la rendición de cuentas, ante la autoridad judicial, de la administración de los bienes que realizó el tutor.

Cuando un menor de dieciocho años comete una infracción penal responderán solidariamente con él de los daños y perjuicios causados sus padres, tutores, acogedores y guardadores legales o de hecho, por este orden (*Vid.* Representante Legal).

Regulación normativa: artículo 61.3 LORPM; artículos 259 a 285 y ss. CC.

U

ÚLTIMA PALABRA

El derecho a la última palabra constituye una manifestación del derecho de defensa, puesto que nadie puede ser condenado sin ser oído. Esta garantía regulada en la LECrim tiene lugar a continuación de que las acusaciones y las defensas terminen sus respectivos alegatos, momento en el cual el Presidente pregunta a los procesados si tienen algo que manifestar al Tribunal.

Este derecho a la última palabra se proyecta igualmente en los procesos penales de menores reforzado en la propia LORPM que declara que en la audiencia, tras la práctica de la prueba el Juez oirá al Ministerio Fiscal y al letrado del menor sobre la valoración de la prueba, su calificación jurídica y la procedencia de las medidas propuestas; sobre este último punto, se oirá también al Equipo Técnico. Por último, el Juez oirá al menor, dejando la causa vista para sentencia. Se trata, por tanto, de que lo último que oiga el órgano judicial antes de dictar Sentencia y tras la celebración del juicio oral, sean precisamente las manifestaciones del propio menor, que en ese momento asume personalmente su defensa.

Carece del derecho a la última palabra el responsable civil.

Regulación normativa: artículo 24.2 CE; artículos 1, y 37.2 LORPM; artículo 739 LECrim.

Jurisprudencia: SSTC 181/1994, de 20 de junio (*Tol 82586*), 13/2006, de 16 de enero (*Tol 817430*); SAP de Valencia 93/2010, de 15 de febrero (*Tol 1871429*).

V

VÍCTIMA

La víctima es el titular del bien jurídico protegido y contra la cual se ha atentado al cometer el delito.
En cuanto se tenga conocimiento de la infracción penal y de sus víctimas, se les debe informar a las mismas de las medidas de asistencia que prevé la legislación vigente. Asimismo se reconoce el derecho de las víctimas a participar en el procedimiento penal (*Vid.* Perjudicado).
La posición de las víctimas en el proceso penal de menores es la de una parte principal actora que ejercita su derecho fundamental de tutela de intereses legítimos (*Vid.* Derechos de las víctimas y de los perjudicados).

Regulación normativa: artículo 4 LORPM.

VIGILANCIA Y SEGURIDAD

Las autoridades responsables de un centro de internamiento deben preservar la vida, integridad física y salud de los internos y de los trabajadores del centro asimismo las autoridades deben de evitar actos de fuga y daños en las instalaciones. Para llevar a buen fin estos cometidos la LORPM establece dos previsiones: por un lado, las inspecciones de los locales y dependencias y, en segundo lugar, registros de personas, ropas y enseres.

Las inspecciones de los locales y dependencias se harán con la periodicidad que la entidad pública o el Director del centro establezca. El registro de la persona, ropa y enseres del menor se regirá por los principios de necesidad y proporcionalidad y se realizarán con el respeto debido a la dignidad y a los derechos fundamentales.
Solamente por motivos de seguridad concretos y específicos se podrá realizar el registro con desnudo integral.
A estas dos precisiones, inspección de locales y dependencias y registro personal del menor, añade el Reglamento de la Ley Orgánica de la Responsabilidad Penal de los Menores, la observación de los menores internados.
Las funciones de vigilancia y seguridad interior de los centros corresponden a los trabajadores del mismo.

Regulación normativa: artículo 59 LORPM; artículo 54 RLORPM.

VIOLENCIA O INTIMIDACIÓN

La violencia o intimidación es el medio de ejecución de algunos delitos, como sucede, por ejemplo, en los delitos de robo con violencia o intimidación en las personas, en los delitos de agresión sexual, etc. Ambos términos, violencia e intimidación, deben circunscribirse a supuestos de fuerza física ejercida directamente sobre las personas.
La LORPM se refiere a ambos términos en tres ocasiones:
1ª.Para imponer una medida de internamiento. En los casos de delitos menos graves se puede imponer una medida de internamiento si en su ejecución se ha hecho uso de la violencia o intimidación.
2ª. Para el desistimiento de la incoación del expediente. Para que el Ministerio Fiscal tome la decisión de desistir de la incoación del expediente, uno de los requisitos que debe concurrir es que los hechos denunciados sean constitutivos de falta o delitos menos graves cometidos sin violencia ni intimidación.
3ª.Para el sobreseimiento del expediente por conciliación o reparación entre el menor y la víctima. Para que pueda plantearse la con-

ciliación entre el autor y la víctima o la reparación del daño es necesario, por un lado, que los hechos que se le imputan al menor sean constitutivos de falta o de delito menos grave y, en segundo lugar, que los hechos hayan sido cometidos sin violencia o intimidación graves, esto es, a diferencia del desistimiento de la incoación del expediente, la infracción puede ser cometida con violencia o intimidación, siempre que sea de carácter leve o menos grave.

Regulación normativa: artículos 9.2.b), 18 y 19.1 LORPM.

VIS A VIS

Vid. Comunicaciones íntimas.

VISITAS

Vid. Comunicaciones y visitas de familiares y de otras personas.

VISITAS DE CONVIVENCIA FAMILIAR

El RLOPM establece que al menos una vez al mes, podrá tener lugar una visita de convivencia familiar por un tiempo no inferior a tres horas, pero no define en qué consisten ni tampoco el régimen al que las mismas quedan supeditadas, contando como único criterio al efecto con lo previsto en el artículo 45 del RP, donde las mismas vienen referidas a aquellos internos que no disfruten de permisos ordinarios de salida y las visitas se llevarían a cabo con su cónyuge o persona con la que se encuentre ligado por semejante relación de afectividad e hijos que no superen los 10 años de edad.

Regulación normativa: artículo 40.4 RLORPM; artículo 45 RP.

Jurisprudencia: STS de 10 de noviembre de 2006, Sala 3ª, Sección 6ª (*Tol 1018735*).

Made in the USA
Monee, IL
04 November 2026

67380097R00128